스포츠 주짓수

오준혁

박영사

차례

Ⅰ 주짓수 거버넌스 ······ 3

Ⅱ 주짓수 스포츠지도사 ······ 11

1. 스포츠지도사 ······ 12
2. 주짓수 스포츠지도사 ······ 20

Ⅲ 주짓수 스포츠지도사 실기 및 구술 기출문제 ······ 35

1. 실기시험 기출문제 ······ 36
2. 구술시험 기출문제 ······ 41

Ⅳ 주짓수 공인 자격증 ······ 67

1. 주짓수 공인사범 ······ 68
2. 주짓수 공인심판 ······ 72

Ⅴ 주짓수 공인사범 자격시험 기출문제 ······ 75

Ⅵ 주짓수 경기 및 규칙 ······ 115

참고문헌 ······ 171

I

주짓수 거버넌스

SPORTS JIU-JITSU

I 주짓수 거버넌스

주짓수는 도복을 착용한 두 명의 수련자가 매트 위에서 타격 기술을 제외한 관절기, 조르기, 투기(메치기 · 던지기), 포지션 전환(넘기기 · 뒤집기 · 넘어뜨리기) 등의 기술을 활용하여 상대를 제압하는 것을 목표로 수행하는 격투 무술입니다. '무술'은 단순히 '무도에 관한 기술'에 국한되지 않으며, 사용되는 가치 기준과 철학적 함의에 따라 무도, 무예, 권법 등 다양한 범주로 이해될 수 있습니다.

전통적으로 무도 종목들은 특정 국가의 역사 · 문화적 맥락과 밀접하게 연계되어 발전해 왔습니다. 이는 무도가 외부의 위협으로부터 공동체를 보호하고자 하는 국가적 · 사회적 필요와 결합하여 형성되었기 때문입니다. 예컨대 한국과 태권도, 중국과 우슈, 태국과 무에타이, 우즈베키스탄과 크라쉬, 러시아와 삼보, 일본과 가라테, 캄보디아와 쿤크메르, 인도네시아와 펜칵실랏, 프랑스와 사바테 등은 각기 해당 국가의 역사적 · 문화적 정체성과 긴밀한 관계를 맺으며 발전한 대표적 사례들입니다. 이러한 이유로 많은 무도 종목은 스포츠화 이후에도 '종주국'과의 유기적 관계를 지속적으로 유지하고 있습니다.

주짓수는 일본에 기원을 두고 브라질에서 발전한 이후, 미국에서 세계적 확산을 이루었습니다. 이는 다른 무도 종목들과 달리, 특정 국가가 '종주국'을 표방하며 제도적 · 정책적 지원을 통해 성장을 주도하지 않았음에도, 종목 자체의 매력에 기반하여 자연발생적으로 전파되었습니다.

주짓수는 '스포츠'로 제도화되면서 무도적 성격과 스포츠적 성격 사이에서 다양한 변화를 겪었습니다. 주요 변화는 다음 세 가지로 요약될 수 있습니다. 첫째, 국제적 스포츠 질서 속에서 '스포츠 거버넌스' 체계가 정립됨에 따라 주짓수 고유의 글로벌 거버넌스 구조가 형성되었습니다. 둘째, 어린이 · 여성 · 노인 · 장애인을 포함한 다양한 인구집단이 참여할 수 있도록 수련 방식과 경기 규정이 보완되었습니다. 셋째, 대중성과 흥행성을 고려하여 단순 대련에는 요구되지 않았던 미디어 · 관람객 중심의 스포츠 이벤트 요소가 도입되었습니다.

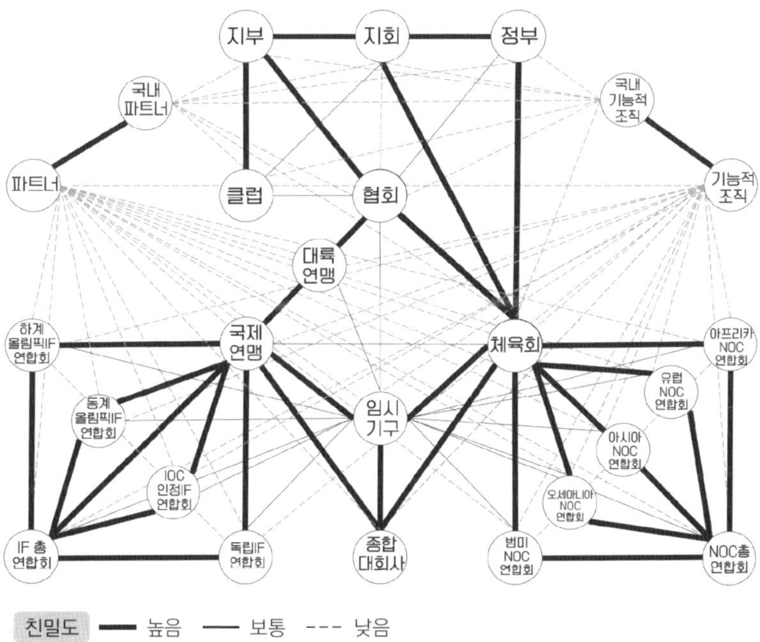

글로벌스포츠거버넌스(스포츠 거버넌스, 2021, p.36)

이 중 가장 큰 변화라 할 수 있는 '주짓수 거버넌스'의 확립은 위 그림에 제시된 '조직 구조'의 관점에서 파악할 수 있습니다. 국제 스포츠 체계에서 주짓수의 조직 구조는 ▲국제주짓수연맹(JJIF), ▲아시아주짓수연맹(JJAU) 등 대륙연맹, ▲대한주짓수회(JJAK) 등 국가연맹, ▲시·도 지부 및 시·군·구 지부, ▲주짓수 도장(체육관)으로 계층화되어 있습니다. 이와 별도로 일부 단체들이 Federation, Association, Alliance, Union 등을 자칭하거나 연맹·협회·연합회 등을 표방할 수 있으나, 이는 공식 국제스포츠 체계와 무관한 사적 조직으로 분류됩니다.

국제주짓수연맹(JJIF)은 1987년 설립되었습니다. 이는 1977년 설립된 유럽주짓수연맹의 활동이 왕성해지고 회원국 수가 늘어나면서 시대적 필요에 따라 국제연맹으로 확장되었습니다. 이후 <다음>의 과정을 거쳐 지금의 모습에 이르렀습니다. 주짓수는 여러 문화권에서 다양하게 전승되면서 Jiu-Jitsu, Ju-Jitsu, Ju-Jutsu, Dschiu-Dschitsu, Giu-Gitsu 등 다양한 이름으로 불려 왔습니다. 국제주짓수연맹은 이들을 통칭하는 공식 표기를 'Ju-Jitsu'로 정하고, 유사성을 고려해 5개 세부 종목을 채택했습니다(듀오, 쇼, 파이팅, 주짓수, 컨택). 우리나라에서 '주짓수'라고 칭하는 '브라질리안주짓수(BJJ)'는 이 중 'Jiu-Jitsu'에 해당됩니다.

- 1987 국제주짓수연맹 창립(IJJF)
- 1993 제1회 IJJF 월드컵 개최(덴마크)
- 1994 GAISF 회원단체 가맹
- 1994 IWGA 회원단체 가맹
- 1994 연맹 이름 'JJIF'로 개명
- 1994 제1회 JJIF 세계선수권대회 개최(이탈리아)
- 1997 World Games 종목으로 승인
- 2010 SportAccord World Combat Games 종목으로 승인

- 2016 World Martial Art Masterships 종목으로 승인
- 2020 FISU 회원단체 가맹
- 2022 World Police and Fire Games 종목으로 승인
- 2023 SportAccord World Combat Games 장애인 경기 종목으로 승인
- 2025 FISU University Wold Championship 종목으로 승인
- 2025 IMGA 회원단체 가맹

국제주짓수연맹은 '독립IF연합회(AIMS)' 그룹에 소속되어 있습니다. AIMS와 하계올림픽IF연합회(ASOIF), 동계올림픽IF연합회(AIOWF), IOC 인정IF연합회(ARISF)는 IF총연합회(SportAccord, 구.GAISF)에 소속되어 있습니다. 이들은 국제종목연맹의 상위기관이 아닌 각 종목 간 교류 및 협력을 위한 연합체입니다. 국제주짓수연맹은 세계주짓수선수권대회, 주짓수월드컵, 주짓수그랑프리 등의 단일대회를 정례적으로 주최하고, 세계대학경기대회, 월드게임스, 국제마스터즈게임스 등의 종합대회(멀티 스포츠 이벤트)에서 주짓수 경기를 주관합니다. 국제연맹의 간판대회인 '세계선수권대회'는 1994년 제1회 대회를 시작으로 오늘에 이르기까지 <다음>의 과정을 거쳐 성장했습니다.

- 1994 이탈리아 볼로냐(성인부)
- 1996 프랑스 파리(성인부)
- 1998 독일 베를린(성인부)
- 2000 덴마크 코펜하겐(성인부)
- 2002 우루과이 몬테비데오(성인부)
- 2004 스페인 마드리드(성인부)
- 2006 네덜란드 로테르담(성인부)

- 2007 독일 하나우(U18, U21)
- 2008 독일 하나우(U18, U21) / 스웨덴 말뫼(성인부)
- 2009 그리스 아테네(U18, U21)
- 2010 러시아 상트페테르부르크(성인부)
- 2011 벨기에 겐트(U18, U21) / 콜롬비아 칼리(성인부)
- 2012 오스트리아 비엔나(성인부)
- 2013 루마니아 부쿠레슈티(U18, U21)
- 2014 프랑스 파리(성인부)
- 2015 그리스 아테네(U18, U21) / 태국 방콕(성인부)
- 2016 스페인 마드리드(U18, U21) / 폴란드 브로츨라프(성인부)
- 2017 그리스 아테네(U18, U21) / 콜롬비아 보고타(성인부)
- 2018 아랍에미리트 아부다비(U18, U21) / 스웨덴 말뫼(성인부)
- 2019 그리스 크레타(U16) / 아랍에미리트 아부다비(U16, U18, U21, 성인부, 마스터)
- 2021 아랍에미리트 아부다비(U16, U18, U21, 성인부)
- 2022 아랍에미리트 아부다비(U16, U18, U21, 성인부, 마스터)
- 2023 몽골 울란바토르(성인부, 마스터) / 카자흐스탄 아스타나(U16, U18, U21)
- 2024 그리스 크레타(U16, U18, U21, 성인부)
- 2025 태국 방콕(U16, U18, U21, 성인부)

아시아주짓수연맹(JJAU)은 아시아 지역의 주짓수를 대표하는 공식 기구입니다. 2014년 아랍에미리트 아부다비에서 국제주짓수연맹(JJIF)의 주도로 개최된 총회를 통해 설립되었고, 창립과 동시에 아시아올림픽평의회(OCA)의 승인을 획득했습니다. 매년 아시아선수권대회를 필두로 크고 작은 아시아 경기대회를 주최하고, 아시안게임을 비롯

한 OCA 주최 대회에서 주짓수 경기를 주관합니다. 주짓수는 OCA가 주관하는 경기대회에 가장 많이 포함된 종목입니다(비치아시안게임, 실내무도아시안게임, 아시안게임, 동남아시안게임, 청소년아시안게임). 모든 회원국은 <다음>의 5개 권역으로 분류되어 있습니다.

- 동아시아(7개국): 대한민국, 중국, 대만, 홍콩, 일본, 마카오, 몽골
- 남아시아(7개국): 방글라데시, 부탄, 인도, 몰디브, 네팔, 파키스탄, 스리랑카
- 동남아시아(11개국): 브루나이, 캄보디아, 인도네시아, 라오스, 말레이시아, 미얀마, 필리핀, 싱가포르, 태국, 동티모르, 베트남
- 중앙아시아(7개국): 아프가니스탄, 이란, 카자흐스탄, 키르기스스탄, 타지키스탄, 투르크메니스탄, 우즈베키스탄
- 서아시아(12개국): 바레인, 이라크, 요르단, 쿠웨이트, 레바논, 오만, 카타르, 팔레스타인, 사우디아라비아, 시리아, 아랍에미리트, 예멘

대한주짓수회는 대한민국의 주짓수를 대표하는 기구입니다. 2015년 공식 설립되었고, 국제주짓수연맹(2016)과 아시아주짓수연맹(2016)의 회원단체입니다. 대내적으로는 문화체육관광부를 주무관청으로 둔 사단법인(2020)이자 대한체육회의 회원단체(2018)입니다. 본 조직은 경찰공무원 채용 가산점 인정 무도단체(2021)이며, 주짓수 스포츠 지도자 자격검정 기관(2022)의 역할도 수행하고 있습니다. 전국체전 등의 국가종합스포츠대회에서 주짓수 경기를 주관하고, 회장기선수권대회 등의 전국대회를 주최하며, 17개 시·도 지부 대회를 감독하는 조직적 기능을 담당하고 있습니다.

II

주짓수 스포츠지도사

1. 스포츠지도사

2. 주짓수 스포츠지도사

SPORTS JIU-JITSU

Ⅱ 주짓수 스포츠지도사

국민체육진흥법은 학교, 직장, 지역사회, 체육단체 등에서 체육을 지도할 수 있는 자격을 갖춘 인력을 '체육지도자'로 통칭하며, 이에 해당하는 6개 국가자격을 규정하고 있습니다. 모든 자격의 검정 및 행정 절차는 국민체육진흥공단이 총괄합니다. 전문스포츠지도사, 생활스포츠지도사, 장애인스포츠지도사는 1급과 2급으로 구분되며, 건강운동관리사를 제외한 5개 자격은 하계종목 지도사와 동계종목 지도사로 세분됩니다.

- 전문스포츠지도사(1급, 2급 / 하계, 동계)
- 생활스포츠지도사(1급, 2급 / 하계, 동계)
- 장애인스포츠지도사(1급, 2급 / 하계, 동계)
- 유소년스포츠지도사(하계, 동계)
- 노인스포츠지도사(하계, 동계)
- 건강운동관리사

1 스포츠지도사

'스포츠지도사'는 지역사회, 교육기관, 체육단체 등에서 체육을 지도할 수 있는 전문적 자격을 갖춘 사람을 의미합니다. 별도의 수식어가 붙지 않으면 일반적으로 전문스포츠지도사 또는 생활스포츠지도사를 지칭합니다. '장애인스포츠지도사'는 장애 유형별 특성에 따른 운동 방법에 관한 전문적 지식을 바탕으로, 해당 자격 종목에서 장애인을 대상으로 체육 지도를 수행하는 자를 의미합니다. '유소년스포츠지도사'는 만 3세부터 중학교 취학 이전까지의 유소년을 대상으로, 행동양식 및 신체 발달 특성에 대한 이해를 기반으로 해당 자격 종목의 체육 지도를 담당하는 자를 말합니다. '노인스포츠지도사'는 노인의 신체적·정신적 변화에 관한 전문적 지식을 갖추고, 해당 자격 종목에서 노인을 대상으로 생활체육 지도를 수행하는 자를 의미합니다. '건강운동관리사'는 특정 종목이나 관리 대상에 한정되지 않고, 개인의 신체적·체력적 특성을 종합적으로 고려하여 적합한 운동 수행 방법을 지도하는 전문 인력을 의미합니다.

현재 전문스포츠지도사는 57개 종목, 생활스포츠지도사는 66개 종목, 장애인스포츠지도사는 37개 종목, 유소년스포츠지도사는 62개 종목, 노인스포츠지도사는 60개 종목에서 각각 운영되고 있습니다. 건강운동관리사는 종목과는 상관없이 운영됩니다.

모든 자격시험은 「국민체육진흥법 시행령」에 근거하여 연 1회 시행됩니다. 동일한 자격등급 내에서는 연간 1인 1종목만 취득이 가능하나, 자격의 종류가 다르고 자격검정 기간이 중복되지 않는 경우에는 복수 응시가 허용됩니다. 자격증은 취득 이후 별도의 갱신 절차 없이 평생 유효하며, '정부24 전자문서지갑'을 통해 온라인으로 무료 발급이 가능합니다. 각 시험은 응시 요건에 따라 일반 과정, 추가 취득 과정, 특별 과정의 세 유형으로 구분되며, 필기시험, 실기 및 구술시험, 연수, 스포츠윤리교육의 절차로 진행됩니다.

- 필기시험: 온라인 원서접수, 증빙서류 제출, 응시수수료 납부 → 시험 → 합격자 발표
- 실기시험 및 구술시험: 온라인 원서접수, 증빙서류 제출, 응시수수

료 납부 → 시험 → 합격자 발표

- 연수: 등록, 연수비 납부 → 연수, 현장실습 → 합격자 발표, 자격증 발급
- 스포츠윤리교육: 접수 → 교육 → 합격자 발표, 자격증 발급

1) 필기, 실기, 구술, 연수

필기시험은 국민체육진흥공단이 관장합니다. 합격 기준은 각 과목 만점의 40% 이상 득점과 총점 기준 60% 이상 득점입니다. 필기시험 합격자는 해당 연도의 실기 및 구술시험에서 불합격하더라도, 다음 해에 실시되는 필기시험 1회를 면제받을 수 있습니다. 다음 표에 제시된 바와 같이, 필기시험은 총 21과목으로 구성되며, 자격의 유형과 특성에 따라 필수과목과 선택과목으로 구분됩니다. 연도별 및 종별 기출문제와 정답은 국민체육진흥공단 체육지도자 공식 홈페이지를 통해 공개됩니다.

실기시험과 구술시험은 각각 만점의 70% 이상을 득점해야 합격으로 인정됩니다. 장애인스포츠지도사의 실기 · 구술시험은 대한장애인체육회가, 건강운동관리사는 국민체육진흥공단이, 전문 · 생활 · 유소년 · 노인 스포츠지도사는 대한체육회에 가맹된 각 종목 협회가 주관합니다. 태권도 종목의 경우에는 대한태권도협회가 아닌 국기원이 해당 시험을 관할합니다.

연수 과정은 국민체육진흥공단과 연수기관으로 지정된 국내 대학이 공동으로 운영합니다(태권도 종목은 국기원이 담당). 연수의 합격요건은 교육과정의 90% 이상 참여와 함께, 연수 태도, 체육 지도 능력, 현장실습 평가에서 각각 60% 이상의 점수 취득입니다. 스포츠윤리교육은 스포츠윤리센터가 주관합니다. 자격시험별 세부 응시료는 다음 표에 제시된 바와 같습니다.

		전문 스포츠지도사 (하계/동계)		생활 스포츠지도사 (하계/동계)		건강 운동 관리사	장애인 스포츠지도사 (하계/동계)		유소년 스포츠 지도사 (하계/동계)	노인 스포츠 지도사 (하계/동계)
		1급	2급	1급	2급		1급	2급		
		4과목 필수	선택 5과목	4과목 필수	선택 5과목	8과목 필수	4과목 필수	4과목 선택 필수 1과목	4과목 선택 필수 1과목	4과목 선택 필수 1과목
1	스포츠영양학	O								
2	체육측정 평가론	O		O			O			
3	트레이닝론	O		O			O			
4	운동상해	O		O		O	O			
5	운동생리학		O		O	O		O	O	O
6	한국체육사		O		O			O	O	O
7	스포츠교육학		O		O			O	O	O
8	스포츠윤리		O		O			O	O	O
9	운동역학		O		O			O	O	O
10	스포츠사회학		O		O			O	O	O
11	스포츠심리학		O		O	O		O	O	O
12	건강교육론			O						
13	건강·체력평가					O				
14	기능해부학					O				
15	병태생리학					O				
16	운동부하검사					O				
17	운동처방론					O				
18	장애인 스포츠론						O			
19	특수체육론							O (필수)		
20	유아체육론								O (필수)	
21	노인체육론									O (필수)

자격시험별 필기시험 과목(주짓수에 해당 사항이 있는 셀에 음영 표시)

		일반 과정			추가 취득			특별과정		
		필기	실기·구술	연수	필기	실기·구술	연수	필기	실기·구술	연수
전문 스포츠지도사 (하계/동계)	1급	25,000	–	500,000	–	–	–	–	–	500,000
	2급	25,000	45,000	200,000	-	45,000	-	-	45,000	150,000
생활 스포츠지도사 (하계/동계)	1급	25,000	45,000	250,000	-	45,000	-	25,000	45,000	150,000
	2급	25,000	45,000	200,000	-	45,000	-	-	45,000	150,000
건강운동관리사		25,000	45,000	400,000	–	–	–	–	–	–
장애인 스포츠지도사 (하계/동계)	1급	25,000	45,000	500,000	–	–	–	–	–	500,000
	2급	25,000	45,000	250,000	–	45,000	–	25,000	45,000	150,000
유소년스포츠지도사 (하계/동계)		25,000	45,000	200,000	–	45,000	–	–	45,000	150,000
노인스포츠지도사 (하계/동계)		25,000	45,000	200,000	–	45,000	–	–	45,000	150,000

자격시험별 응시료(단위: 원) (주짓수에 해당 사항이 있는 셀에 음영 표시)

2) 자격검정 실무위원회

종목별 검정기관은 스포츠지도사 자격시험의 공정성과 원활한 운영을 위하여 '자격검정 실무위원회'를 구성합니다. 본 위원회는 실기 및 구술 자격검정의 기본 계획과 이를 시행하기 위한 세부 운영 계획(시험 일정, 시험 장소, 시험위원 및 출제위원 선정 등)을 수립하고, 평가 항목 및 출제기준 등 세부 출제 방침을 정하며, 채점 결과를 검토하여 합격대상자를 확정하는 기능을 수행합니다. 자격검정 실무위원회는 위원장 1인을 포함하여 9인 이내로 구성되며, 위원의 임기는 1년으로 하되 2회에 한하여 연임할 수 있습니다. 위원장과 위원은 해당 단체의 장이 위촉하고, 부위원장은 위원 중에서 호선으로 선출합니다. 아울러 사무처 직원 1인을 간사로 포함합니다. 본 위원회 위원은 시험의 공정성 확보를 위하여 심사위원, 출제위원, 현장 운영요원 등 시험과 직접적으로 관련된 다른 직무를 겸임할 수 없습니다.

위원회는 통상적으로 연 3회 회의를 개최합니다. 운영은 「국민체육진흥법 시행령」, 「국민체육진흥법 시행규칙」, 그리고 대한체육회 스포츠지도사 자격검정위원회 규정을 근거로 합니다.

- 제1차 회의: 위원회 구성 보고 및 자격검정 세부 계획 심의
- 제2차 회의: 자격검정 채점 결과 및 합격대상자 확정 심의
- 제3차 회의: 자격검정 결과 보고 및 발전방안 논의

3) 시험위원 및 운영요원

실기시험과 구술시험은 시험위원과 운영요원이 주관합니다. 본 위원들은 종목별 자격검정 실무위원회의 추천, 대한체육회 자격검정위원회 검토, 대한체육회 위촉, 자격검정시스템 등록의 선발 절차를 거칩니다. 이들은 다음에 제시된 「국민체육진흥법 시행규칙」상의 자격 요건 중 하나 이상을 충족해야 합니다. ▲시험위원으로 참여하는 종목에 해당하는 체육지도자의 자격을 보유하고, 학교 · 직장 또는 「체육시설의 설치 · 이용에 관한 법률」에 따른 체육시설에서 선수 또는 일반인을 직접 지도한 경력이 3년 이상인 자, ▲대학 또는 전문대학에서 체육 분야 조교수 이상으로 재직 중이거나 재직한 경력이 있으며, 시험위원으로 참여하는 종목과 관련된 재직경력이 3년 이상인 자, ▲시험위원으로 참여하는 종목에 관한 전문성과 대표성을 갖춘 체육단체 또는 경기단체에 등록된 자로서, 해당 종목에 대한 지도경력이 3년 이상인 자(여기서 체육단체란 체육 활동 또는 사업을 목적으로 설립된 「국민체육진흥법」 제2조 제9호에 따른 법인 또는 단체를 의미하며, 경기단체란 특정 경기 종목의 활동과 사업을 목적으로 설립되어 대한체육회 또는 대한장애인체육회에 가맹된 법인 · 단체, 또는 문화체육관광부장관이 지정한 프로스포츠 단체를 의미함), ▲상기 요건 중 어느 하나에도 해당하지 않

는 경우에는, 체육단체 또는 경기단체의 요청, 대한체육회의 검토를 거쳐 문화체육관광부장관의 승인을 받은 자(시험위원이란 실기 · 구술시험의 출제위원과 심사위원을 의미함).

4) 시험 관리

시험의 공정성 확보를 위하여 시험장 내에서는 응시자와 심사위원 간의 인사를 포함한 모든 개인적 접촉이 금지됩니다. 시험위원과 응시자가 사전에 친분 관계가 있는 경우, 해당 응시자는 다른 조로 배정됩니다. 평가는 그룹 단위가 아닌 응시자 개인 단위로 실시되며, 각 심사위원은 타 위원과의 협의 없이 정해진 채점 기준에 따라 독립적으로 채점합니다. 시험의 전 과정은 영상으로 기록되며, 해당 자료는 대한체육회에 제출 · 보관됩니다.

실기심사 과정에서 시험위원은 응시자에게 동작 수행에 대한 추가 설명이나 자세 교정을 제공할 수 없으며, 불합격자의 경우 채점표에 그 사유를 구체적으로 기재해야 합니다. 응시자는 시험위원의 진행 구령(예: '중지', '다음')에 대하여 이의를 제기할 수 없습니다. 구술 심사에 있어서도 시험위원은 질문 이후 정답을 설명하거나 이를 암시하는 행위를 할 수 없으며, 응시자는 시험위원에게 반박하거나 질문을 제기할 수 없습니다.

채점은 시험 현장에서 즉시 이루어지며, 채점자의 서명이 완료된 채점지는 1년간 별도로 보관됩니다. 시험 결과는 시험 종료 후 익일 이내에 자격검정시스템에 전산 처리되며, 채점지 및 시험 영상은 응시자에게 공개되지 않습니다. 최종점수는 심사위원별 부여 점수의 산술 평균으로 산정합니다. 다만 심사위원이 4명인 경우에는 최고점을 제외한 3인의 평균 점수를, 5명 이상인 경우에는 최고점과 최저점을 제외한 3인의 평균 점수를 최종점수로 합니다.

시험장에는 민원 담당자를 배치하여 현장에서 즉각적인 이의신청이 가능하도록 하며, 합격자 발표 이후 5일 이내에는 전화 또는 전자우편을 통해서도 이의신청을 접수할 수 있습니다. 이의신청 내용이 불합격과 관련된 경우에는 시험 영상과 채점표를 재검토합니다. 아울러 종목단체는 검정 기간 중 발생할 수 있는 사고에 대비하여 스포츠안전재단을 통해 응시자 전원을 대상으로 주최자 배상책임보험에 가입하고, 의료 인력 및 구급 차량을 현장에 배치합니다.

실기 및 구술 시험 부정 행위 기준은 다음과 같습니다. ▲시험 중 다른 응시자와 대화를 하거나 시험문제 또는 답안을 전달하는 행위, ▲손동작·소리 등으로 신호를 주고받는 행위, ▲시험문제와 관련된 물품을 휴대하거나 이를 주고받는 행위, ▲시험장 안팎에서 타인과 부당한 도움을 주고받는 행위, ▲대리시험을 실시하거나 이를 알선하는 행위, ▲시험(대기) 시간 중 허용되지 않은 통신기기 또는 전자기기를 휴대하거나 사용하는 행위, ▲응시원서를 허위로 작성하거나 허위서류를 제출하여 시험에 응시한 행위, ▲시험감독관 또는 고사본부의 지시에 불응하여 시험 진행을 방해하는 행위, ▲기타 부정하거나 불공정한 방법으로 본인 또는 타인의 시험 결과에 영향을 미치는 행위 및 감독관이 부정행위로 판단하는 모든 행위.

2 주짓수 스포츠지도사

주짓수 스포츠지도사 자격검정은 2022년에 도입되었습니다. 해당 자격증은 3개 영역에서 발급됩니다(생활스포츠지도사 1급, 생활스포츠지도사 2급, 전문스포츠지도사 2급). 영역별 실기시험과 구술시험은 모두 같은 날 같은 장소(시험장은 분리)에서 연이어 실시됩니다. 양 시험의 모든 과정은 대한주짓수회가 주관합니다.

2022년에는 263명(생활 1급 6명, 생활 2급 225명, 전문 2급 32명), 2023년에는 314명(생활 1급 1명, 생활 2급 278명, 전문 2급 35명), 2024년에는 152명(생활 1급 3명, 생활 2급 142명, 전문 2급 7명), 2025년에는 122명(생활 1급 0명, 생활 2급 114명, 전문 2급 8명)이 자격을 취득하였습니다. 자격별 응시 요건은 일반과정, 특별과정, 추가취득과정으로 나뉘어 있고, 취득 절차는 필기, 실기, 구술, 연수, 스포츠윤리교육의 단계로 구성되어 있습니다. 세부 자격 요건은 다음 표에 제시된 바와 같습니다.

생활 1급	자격 요건 (공통: 18세 이상인 사람)	취득 절차				
		필기	실기	구술	연수 (시간)	스포츠 윤리 교육 (시간)
일반 과정	해당 자격 종목의 2급 생활스포츠지도사 자격을 취득한 후 3년 이상 해당 자격 종목의 지도경력이 있는 사람	O	O	O	O (120)	
특별 과정	학교체육교사(학교체육교사였던 사람을 포함)로서 초·중등교육법 별표2에 따른 중등학교 정교사(1급·2급) 또는 준교사 자격(체육과목)을 가지고 같은 법 제2조에 따른 학교에서 체육교사로 재직하면서 해당 자격 종목의 지도경력이 3년 이상일 것		O	O	O (40)	

생활 1급	자격 요건 (공통: 18세 이상인 사람)	취득 절차				
		필기	실기	구술	연수 (시간)	스포츠 윤리 교육 (시간)
	해당 자격 종목의 국가대표선수(국가대표선수였던 사람을 포함)로서 국제올림픽위원회, 아시아올림픽평의회, 종목별 국제연맹, 종목별 아시아연맹에서 주최하는 국제대회 중 어느 하나에 참가한 경력이 있을 것				O (40)	
	해당 자격 종목의 1급 전문스포츠지도사 자격을 가지고 동일한 종목의 자격을 취득하려는 사람			O		O (3)
	해당 자격 종목의 2급 전문스포츠지도사 자격을 가지고 동일한 종목의 자격을 취득하려는 사람	O		O	O (40)	
추가 취득	1급 생활스포츠지도사 자격을 가지고 보유한 자격 종목이 아닌 다른 종목의 자격을 취득하려는 사람		O	O		O (3)

생활 2급	자격 요건 (공통: 18세 이상인 사람)	취득 절차				
		필기	실기	구술	연수 (시간)	스포츠 윤리 교육 (시간)
일반 과정	18세 이상인 사람	O	O	O	O (90)	
특별 과정	해당 자격 종목의 유소년 또는 노인 스포츠지도사 자격을 가지고 동일한 종목의 자격을 취득하려는 사람			O	O (40)	
	2급 장애인스포츠지도사 자격을 가지고 보유한 자격 종목이 아닌 다른 종목(국민체육진흥법 시행령 별표1 제3호에서 다른 종목으로 보는 경우를 포함)의 자격을 취득하려는 사람		O	O	O (40)	
	유소년 또는 노인스포츠지도사 자격을 가지고 보유한 자격 종목이 아닌 다른 종목의 자격을 취득하려는 사람		O	O	O (40)	
추가 취득	2급 생활스포츠지도사 자격을 가지고 보유한 자격 종목이 아닌 다른 종목의 자격을 취득하려는 사람		O	O		O (3)

전문 2급	자격 요건 (공통: 18세 이상인 사람)	취득 절차				
		필기	실기	구술	연수 (시간)	스포츠 윤리 교육 (시간)
일반 과정	해당 자격 종목에 대하여 4년 이상의 경기경력이 있는 사람	O	O	O	O (90)	
	「고등교육법」 제2조에 따른 학교에서 체육 분야에 관한 학문을 전공하고 졸업한 사람(졸업예정자 포함)이거나 법령에 따라 이와 같은 수준의 학력이 있다고 인정되는 사람으로 그 경기경력 및 수업연한의 합산 기간이 4년 이상인 사람	O	O	O	O (90)	
	문화체육관광부장관이 인정하는 외국의 제1호(고등교육법 제2조에 따른 학교)에 해당하는 학교(학제 또는 교육과정으로 보아 제1호에 따른 학교와 같은 수준이거나 그 이상인 학교)에서 체육 분야에 관한 학문을 전공하고 졸업한 사람으로 그 경기경력 및 수업연한의 합산 기간이 4년 이상인 사람	O	O	O	O (90)	
특별 과정	학교체육교사(학교체육교사였던 사람을 포함)로서 초 · 중등교육법 별표2에 따른 중등학교 정교사(1급 · 2급) 또는 준교사 자격(체육과목)을 가지고 같은 법 제2조에 따른 학교에서 체육교사로 재직하면서 해당 자격 종목의 경기지도경력이 3년 이상일 것		O	O		O (3)
	해당 자격 종목의 국가대표선수(국가대표선수였던 사람을 포함)로서 국제올림픽위원회, 아시아올림픽평의회, 종목별 국제연맹, 종목별 아시아연맹에서 주최하는 국제대회 중 어느 하나에 참가한 경력이 있을 것			O		O (3)
추가 취득	2급 전문스포츠지도사 자격을 가지고 보유한 자격 종목이 아닌 다른 종목의 자격을 취득하려는 사람		O	O		O (3)

1) 필기시험

주짓수 스포츠지도사 필기시험은 ▲생활스포츠지도사 1급의 경우 4과목 필수(체육측정평가론, 트레이닝론, 운동상해, 건강교육론), ▲생활스포츠지도사 2급은 7과목 중 5과목 선택(운동생리학, 한국체육사, 스포츠교육학, 스포츠윤리, 운동역학, 스포츠사회학, 스포츠심리학), ▲전문스포츠지도사 2급은 7과목 중 5과목 선택(운동생리학, 한국체육사, 스포츠교육학, 스포츠윤리, 운동역학, 스포츠사회학, 스포츠심리학)으로 치러집니다. 해당 11개 과목의 개요는 <다음>과 같습니다.

〈체육측정평가론〉

- 체육측정평가의 이해: 개념, 유형
- 측정치의 해석: 통계적 개념, 기술통계
- 검사의 조건: 타당도, 신뢰도
- 인체계측: 인체의 측정과 평가, 체험의 측정
- 체력의 측정: 체력의 개념, 체력검사의 실제
- 신체 구성: 신체 구성의 개념, 신체 구성의 측정
- 운동기능과 신체활동: 운동기능검사, 신체활동검사

〈트레이닝론〉

- 트레이닝의 기초: 트레이닝의 개념과 목적, 경기력의 개념과 요소
- 트레이닝의 원리와 계획의 기초: 트레이닝의 생리학적 기초, 트레이닝의 원리, 트레이닝 계획의 기초
- 체력 트레이닝 방법: 심폐지구력 트레이닝, 근 기능 트레이닝, 유연성 트레이닝, 기타 체력 요소의 트레이닝
- 연간 트레이닝 프로그램의 구성: 트레이닝의 주기화, 트레이닝 주기화의 실체

- 환경 적응 트레이닝: 고지 환경과 트레이닝, 고온 환경과 트레이닝, 수중 환경과 트레이닝
- 성장발달과 트레이닝: 발달 단계와 특성, 발달 단계와 트레이닝 지침
- 운동 피로와 회복: 운동성 피로의 원인과 회복, 과훈련

〈운동상해〉

- 스포츠 손상의 예방: 스포츠 손상의 예방 대책, 스포츠 의학팀의 역할과 기능
- 스포츠 손상의 위험 관리: 환경적 고려, 보호용 스포츠 장비, 붕대 감기와 테이핑
- 스포츠 손상의 기전: 손상에 대한 조직 반응, 손상의 구조와 특성
- 스포츠 손상의 관리 기술: 스포츠 손상과 질병의 심리적 중재, 경기장에서의 급성치료와 응급처치, 경기장 밖에서의 손상 평가와 처치, 치료기기의 사용
- 스포츠 손상의 일반적인 의학적 상태: 주요 부분 상해, 부가적인 의학적 상태
- 스포츠 손상의 재활 운동: 재활 운동의 원리, 재활 운동 프로그램 과정

〈운동생리학〉

- 운동생리학의 개관: 주요 용어, 운동생리학의 개념
- 에너지 대사와 운동: 에너지의 개념과 대사 작용, 인체의 에너지 대사, 트레이닝에 의한 대사적 적응
- 신경 조절과 운동: 신경계의 구조와 기능 및 특성, 신경계의 특성, 신경계의 운동기능 조절
- 골격근과 운동: 골격근의 구조와 기능, 골격근과 운동

- 내분비계와 운동: 내분비계, 운동과 호르몬 조절
- 호흡 · 순환계와 운동: 호흡계의 구조와 기능, 운동에 대한 호흡계의 반응과 적응, 순환계의 구조와 기능, 운동에 대한 순환계의 반응과 적응
- 환경과 운동: 체온 조절과 운동, 인체 운동에 대한 환경 영향

〈한국체육사〉

- 체육사의 의미: 체육사 연구 분야
- 선사 · 삼국시대: 선사 및 부족국가시대의 체육, 삼국 및 통일신라시대의 체육
- 고려 · 조선시대: 고려시대의 체육, 조선시대의 체육
- 한국 근 · 현대: 개화기의 체육, 일제강점기의 체육, 광복 이후의 체육

〈스포츠교육학〉

- 스포츠교육의 배경과 개념: 스포츠교육의 역사, 개념, 현재
- 스포츠교육의 정책과 제도: 학교체육, 생활체육, 전문체육
- 스포츠교육의 참여자 이해론: 스포츠교육 지도자, 학습자, 행정가
- 스포츠교육의 프로그램론: 학교체육 프로그램 개발 및 실천, 생활체육 프로그램 개발 및 실천, 전문체육 프로그램 개발 및 실천
- 스포츠교육의 지도방법론: 스포츠 지도를 위한 교육모형, 스포츠 지도를 위한 교수 기법, 세부 지도 목적에 따른 교수 기법
- 스포츠교육의 평가론: 평가의 이론적 측면 및 실천적 측면
- 스포츠교육자의 전문적 성장: 스포츠 교육 전문인의 전문역량, 장기적 전문인 성장 및 발달

〈스포츠윤리〉

- 스포츠와 윤리: 스포츠의 윤리적 기초, 스포츠 윤리의 이해, 윤리이론
- 경쟁과 페어플레이: 스포츠 경기의 목적, 스포츠맨십, 페어플레이
- 스포츠와 불평등: 성차별, 인종차별, 장애차별
- 스포츠에서 환경과 동물윤리: 스포츠와 환경윤리, 스포츠와 동물윤리
- 스포츠와 폭력: 스포츠 폭력, 선수 폭력, 관중 폭력
- 경기력 향상과 공정성: 도핑, 유전자 조작, 용기구와 생체 공학 기술 활용
- 스포츠와 인권: 학생선수의 인권, 스포츠지도자 윤리, 스포츠와 인성교육
- 스포츠 조직과 윤리: 스포츠와 정책윤리, 심판의 윤리, 스포츠 조직의 윤리경영

〈운동역학〉

- 운동역학 개요: 운동역학의 정의, 운동역학의 목적과 내용
- 운동역학의 이해: 해부학적 기초, 운동의 종류
- 인체 역학: 인체의 물리적 특성, 인체 평형과 안정성, 인체의 구조적 특성
- 운동학의 스포츠 적용: 선운동의 운동학적 분석, 각운동의 운동학적 분석
- 운동역학의 스포츠 적용: 선운동의 운동 역학적 분석, 각운동의 운동 역학적 분석
- 일과 에너지: 일과 일률, 에너지
- 다양한 운동 기술의 분석: 동작 분석, 힘 분석, 근전도 분석

〈스포츠사회학〉

- 스포츠 사회학의 이해: 스포츠사회학의 의미, 스포츠의 사회적 기능
- 스포츠와 정치: 스포츠와 정치의 결합, 스포츠와 국내 정치, 스포츠와 국제정치
- 스포츠와 경제: 상업주의와 스포츠, 스포츠 메가이벤트의 경제
- 스포츠와 교육: 스포츠의 교육적 기능, 한국의 학원스포츠
- 스포츠와 미디어: 스포츠와 미디어의 이해, 스포츠와 미디어의 상호관계
- 스포츠와 사회계급/계층: 사회계층의 이해, 사회계층과 스포츠 참가, 스포츠와 계층이동
- 스포츠와 사회화: 스포츠사회화의 의미와 과정, 스포츠로의 사회화와 스포츠를 통한 사회화, 스포츠 탈사회화와 재사회화
- 스포츠와 일탈: 스포츠일탈의 이해, 스포츠일탈의 유형
- 미래사회의 스포츠: 스포츠 변화에 영향을 미치는 요인, 스포츠 세계화

〈스포츠심리학〉

- 스포츠심리학의 개관: 스포츠심리학의 정의 및 의미, 스포츠심리학의 역사, 스포츠심리학의 영역과 역할
- 인간운동행동의 이해: 운동제어, 운동학습, 운동발달
- 스포츠 수행의 심리적 요인: 성격, 정서와 시합불안, 동기, 목표설정, 자신감, 심상, 주의집중, 루틴
- 스포츠 수행의 사회 심리적 요인: 집단 응집력, 리더십, 사회적 촉진, 사회성 발달
- 운동심리학: 운동의 심리적 효과, 운동심리 이론, 운동실천 중재 전략
- 스포츠심리상담: 스포츠심리상담의 개념, 스포츠심리상담의 적용

〈건강교육론〉

- 건강교육의 이해: 건강과 건강교육, 건강교육학의 기초
- 건강교육과 발육발달: 발육발달의 정의, 운동 발달과 특징
- 만성질환과 운동: 심혈관계·대사성·근골격계·신경계 질환과 운동
- 스트레스와 건강관리: 스트레스의 이해, 스트레스 평가 및 관리
- 건강과 장수: 건강과 노화, 건강과 기호품

2) 실기시험

실기시험은 응시 순번에 따라 배정된 파트너와 2인 1조로 실시됩니다. 여성 응시자가 남성과 조를 이루게 되는 경우, 시험본부에 요청하여 여성 파트너로 변경할 수 있습니다. 수험장 매트 대기석에 입장하기 전까지는 파트너 간 기술 동작을 맞추거나 시험에 관한 논의가 허용됩니다. 채점은 파트너의 실력이나 태도를 감안해 이루어집니다.

전체 시험문제는 <다음> 제시된 4대 분류를 준용해 출제되고, 응시자별 시험문제는 시험 직전 추첨으로 결정됩니다. 보통은 응시자 본인이 뽑은 일반 문제 5문항 또는 복합 문제 3문항(테이크다운 1문항, 연계기술 2문항)을 시험위원 앞에서 순차적으로 시연하는 방식으로 검정이 진행되나, 심사위원의 판단에 따라 무작위 문제가 제시되거나 응용 동작이 요구될 수 있습니다. 일반 문항은 30초, 연계 기술은 1분이 주어집니다. 각 문항의 배점은 20점이며, 평가는 5단계 척도(우수 20점, 양호 17점, 보통 14점, 미흡 11점, 부진 8점)로 이루어집니다. 실기시험의 합격 기준은 100점 만점에 70점 이상 획득입니다.

〈공격〉

- 테이크 다운: 태클(더블렉 테이크다운, 싱글렉 테이크다운), 손기술(양팔업어치기, 한팔업어치기, 업어떨어뜨리기, 빗당겨치기, 어깨로메치기, 발목잡아메치기), 허리기술(허리껴치기, 허리후리기, 허리튀기), 다리기술(받다리, 안뒤축, 안다리, 발목받히기, 허벅다리), 누우며메치기기술(배대뒤치기, 안오금띄기, 뒤집어넘기기)
- 가드패스: 클로즈가드, 하프가드, 오픈가드, 버터플라이가드, 시팅가드, X가드, 데라히바가드, 리버스데라히바가드, 스파이더가드, 라소가드
- 스윕: 클로즈가드, 하프가드, 오픈가드, 버터플라이가드, 시팅가드, X가드, 데라히바가드, 리버스데라히바가드, 스파이더가드, 라소가드

〈굳히기〉

- 누르기와 포지셔닝: 사이드컨트롤, 스카프홀드, 노스엔사우스, 마운트, 백컨트롤, 백마운트, 니온벨리
- 조르기 서브미션: 트라이앵글, 암트라이앵글, 크로스라펠초크, 루프초크, 이제키엘초크, 베이스볼초크, 포암초크, 클락초크, 하프넬슨
- 꺾기 서브미션: 암바, 기무라, 아메리카나, 오모플라타, 레그락(앵클락, 니바, 토우홀드, 카프락, 힐훅)

〈방어와 탈출〉

- 포지션 이스케이프: 사이드컨트롤, 스카프홀드, 노스엔사우스, 마운트, 백컨트롤, 백마운트, 니온벨리
- 서브미션 이스케이프: 초크 이스케이프, 암바와 락에서 이스케이프, 레그락에서 이스케이프
- 낙법: 전방, 후방, 측방, 회전, 장애물

〈응용〉

- 공격 후 연계 동작: 테이크다운 후 굳히기, 가드패스나 스윕 후 굳히기
- 탈출 후 카운트: 누르기나 서브미션에서 이스케이프 후 굳히거나 서브미션으로 탈출

※ 평가 기준: 공격과 방어 시 상대의 균형을 효과적으로 무너뜨리는가, 상대의 방어를 효과적으로 차단하고 패스하는가, 정확한 포인트를 짚으며 각 기술을 사용하는가, 손과 발을 적절하게 사용하는가 등

응시자는 본인의 백색 도복과 수련 벨트, 신분증을 필수로 지참해야 하며, 필요시 손가락 테이핑이 허용됩니다. 도복 안에 착용하는 래시가드는 백색 또는 흑색으로 제한되며, 소매 길이(반팔 또는 긴팔)는 제한이 없습니다. 래시가드 착용은 남성 응시자에게는 선택사항이나, 여성 응시자에게는 필수사항입니다. 하의 도복 안에 착용하는 레깅스 또는 타이즈는 흑색으로 제한되며, 남녀 모두 선택적으로 착용할 수 있습니다. 도복에는 개인 네트워크나 수련 도장 등 소속이 드러나는 표식의 부착이 금지되며, 국제주짓수연맹, 아시아주짓수연맹, 대한주짓수회의 패치만 허용됩니다.

시험장은 가로 6m, 세로 6m 규격으로 설치되며, 통상적으로 2개 시험장을 동시에 운영합니다. 다만 응시 인원에 따라 최소 1개에서 최대 5개까지 탄력적으로 운영될 수 있습니다. 평가는 다음 5가지 기준으로 내려집니다. ▲기술의 적법성(국제주짓수연맹 규정에 적법한 기술인지 여부), ▲기술의 효과성/현실성(생체역학상 현실적이고 효과적인 기술인지 여부), ▲동작의 숙련도(기술을 시연함에 있어 동작이 충분히 숙련되었는지 여부), ▲기술의 연계성(각 기술 간의 연계가 적절한지 여부), ▲태도(무도인/주짓수인으로서 적절한 예를 갖추어 시험에 임했는지 여부). 실기시험

이 종료되면 구술시험이 곧이어 시행됩니다.

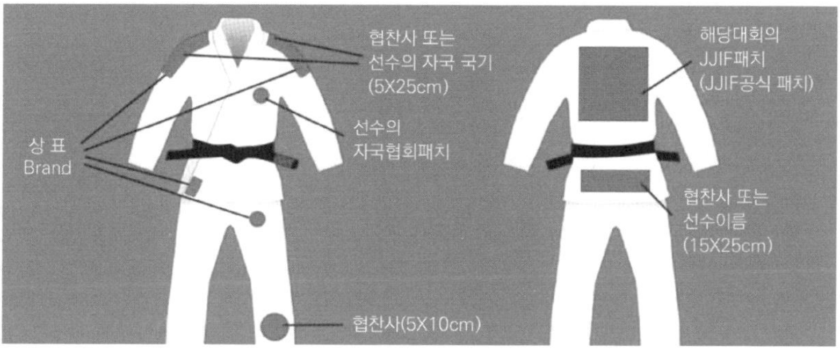

*출처: 주짓수 스포츠지도사 실기구술 자격검정 시행공고문

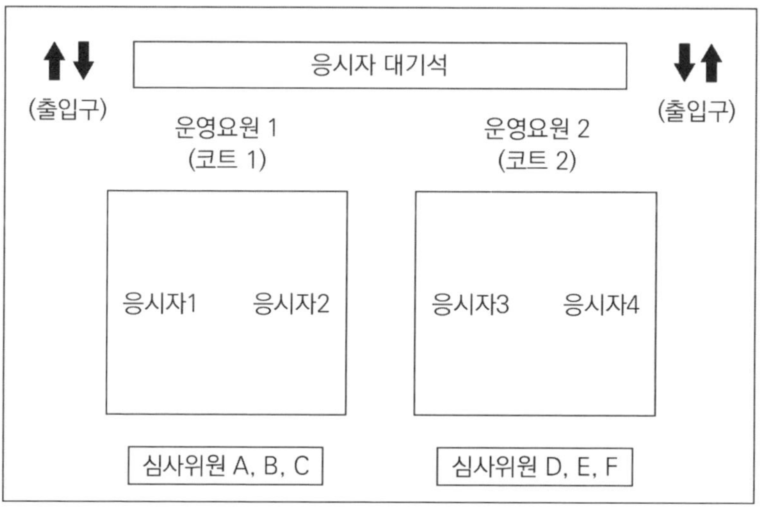

실기시험장 도식도(시험장 2개 기준)

3) 구술시험

구술시험은 실기시험장과 분리된 인접 시험장에서 응시자 1인 단위로 실시됩니다. 시험장은 통상 2개소를 동시에 운영하되, 응시 인

원에 따라 1개에서 최대 5개까지 탄력적으로 운영됩니다. 시험문제는 무작위 추첨을 통해 출제되며, '경기규칙(시설 도구, 경기 운영, 포인트, 페널티, 실격)'에서 2문제, '지도 방법(기술 지도 방법, 트레이닝 지도 방법, 체육지도자의 기본상식과 소양, 주짓수의 역사, 문화, 가치관 등 상식)'에서 2문제, 총 4문항으로 구성됩니다. '리더십 및 태도'는 시험문제가 아닌 시험응시의 태도 및 자세로 평가됩니다. 답변 시간은 단답형의 경우 문항당 10초, 서술형의 경우 50초로 제한됩니다. 각 문항의 배점은 20점이며, 평가는 실기시험과 동일하게 5단계 척도로 이루어집니다(우수 20점, 양호 17점, 보통 14점, 미흡 11점, 부진 8점). 합격 기준은 100점 만점에 70점 이상 획득입니다.

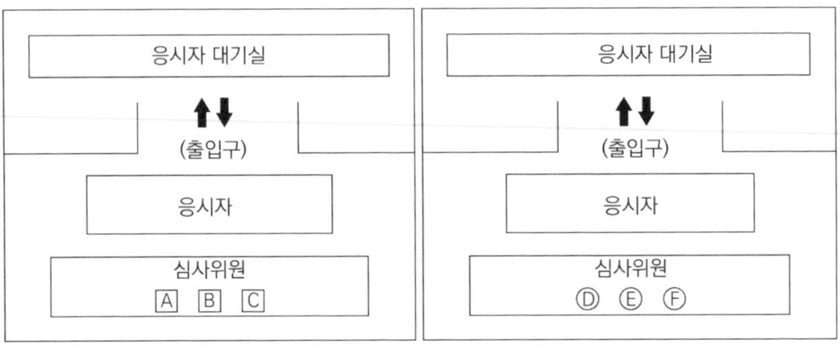

구술시험장 도식도(시험장 2개 기준)

체육지도자 실기·구술심사 채점표

일자	
평가자 (시험위원)	(인)

구분		수험번호	
종목명	주짓수	생년월일	
주관단체	대한주짓수회	성명	

<table>
<tr><th rowspan="2">구분</th><th rowspan="2">항목
(문제기호)</th><th colspan="5">점수</th><th rowspan="2">비고
(사유명기)</th></tr>
<tr><th>A
등급</th><th>B
등급</th><th>C
등급</th><th>D
등급</th><th>E
등급</th></tr>
<tr><td rowspan="5">실
기</td><td>1. 테이크다운</td><td>20</td><td>17</td><td>14</td><td>11</td><td>8</td><td>*c 미숙달된동작
*d 잘못된동작/ 시간지연
*e 확연히잘못된동작/ 시연포기/
기타(기타사유:)</td></tr>
<tr><td>2. 스윕</td><td>20</td><td>17</td><td>14</td><td>11</td><td>8</td><td>*c 미숙달된동작
*d 잘못된동작/ 시간지연
*e 확연히잘못된동작/ 시연포기/
기타(기타사유:)</td></tr>
<tr><td>3. 패스</td><td>20</td><td>17</td><td>14</td><td>11</td><td>8</td><td>*c 미숙달된동작
*d 잘못된동작/ 시간지연
*e 확연히잘못된동작/ 시연포기/
기타(기타사유:)</td></tr>
<tr><td>4. 이스케이프</td><td>20</td><td>17</td><td>14</td><td>11</td><td>8</td><td>*c 미숙달된동작
*d 잘못된동작/ 시간지연
*e 확연히잘못된동작/ 시연포기/
기타(기타사유:)</td></tr>
<tr><td>5. 서브미션</td><td>20</td><td>17</td><td>14</td><td>11</td><td>8</td><td>*c 미숙달된동작
*d 잘못된동작/ 시간지연
*e 확연히잘못된동작/ 시연포기/
기타(기타사유:)</td></tr>
<tr><td></td><td>실기점수 합계</td><td colspan="5">점</td><td>합격 / 불합격</td></tr>
</table>

<table>
<tr><th rowspan="2">구분</th><th rowspan="2">항목
(문제기호)</th><th colspan="5">점수</th><th rowspan="2">비고
(사유명기)</th></tr>
<tr><th>A
등급
서술형
우수</th><th>B
등급
서술형
양호
단답식
정답</th><th>C
등급
서술형
보통</th><th>D
등급
서술형
미흡
단답식
오답</th><th>E
등급
서술형
부진</th></tr>
<tr><td rowspan="6">구
술</td><td>1. 경기규칙 A</td><td>20</td><td>17</td><td>14</td><td>11</td><td>8</td><td>*c 부분정답/ 복장불량/ 태도불량
*d 오답/ 시간지연
*e 무대답/ 구술중도포기/
기타(기타사유:)</td></tr>
<tr><td>2. 경기규칙 B</td><td>20</td><td>17</td><td>14</td><td>11</td><td>8</td><td>*c 부분정답/ 복장불량/ 태도불량
*d 오답/ 시간지연
*e 무대답/ 구술중도포기/
기타(기타사유:)</td></tr>
<tr><td>3. 지도 방법 A</td><td>20</td><td>17</td><td>14</td><td>11</td><td>8</td><td>*c 부분정답/ 복장불량/ 태도불량
*d 오답/ 시간지연
*e 무대답/ 구술중도포기/
기타(기타사유:)</td></tr>
<tr><td>4. 지도 방법 B</td><td>20</td><td>17</td><td>14</td><td>11</td><td>8</td><td>*c 부분정답/ 복장불량/ 태도불량
*d 오답/ 시간지연
*e 무대답/ 구술중도포기/
기타(기타사유:)</td></tr>
<tr><td>5. 리더십 및 태도</td><td>20</td><td>17</td><td>14</td><td>11</td><td>8</td><td>*c 복장불량(액세서리,피어싱,반지)/
태도불량
*d 시간지연/ 도복규정위반
*e 무대답/ 구술중도포기/
기타(기타사유:)</td></tr>
<tr><td>구술점수 합계</td><td colspan="5">점</td><td>합격 / 불합격</td></tr>
</table>

※ 각 문항별 C등급 이하 부여 시 사유 기재

※ 합격기준: 실기/구술 각 100점 만점에 70점 이상

Ⅲ

주짓수 스포츠지도사 실기 및 구술 기출문제

1. 실기시험 기출문제
2. 구술시험 기출문제

SPORTS JIU-JITSU

Ⅲ 주짓수 스포츠지도사 실기 및 구술 기출문제

1 실기시험 기출문제

- 응시자는 '라소가드' 잡혀주세요. 패스해서 사이드로 가고, 사이드에서 기무라 시도하다가, 반대로 넘어가면서 스위치 암바(크로스 암바)로 끝내세요. [2025년]
- 응시자는 '버터플라이 가드' 잡으세요. 싱글엑스가드 만들고, 싱글엑스가드에서 스윕해서, 스트레이트 풋락으로 끝내세요. [2025년]
- 응시자는 '리버스 데라히바가드' 잡으세요. '리버스 베림보로'로 백잡으시고, 백컨트롤에서 이지키엘 초크(소매 조르기)로 끝내세요. [2025년]
- 응시자는 '스카프홀드(곁누르기)' 잡혀주세요. 브릿지로 탈출한 후, 사이드에서 마운트로 이동하고, 마운트에서 하이키락(아메리카나)으로 끝내세요. [2025년]
- 응시자는 '사이드' 잡혀주세요. 탈출해서 클로즈가드 만든 후, 스파이더가드로 전환 후, 스윕해서 마운트에서 크로스라펠 초크(십자조르기)로 끝내세요. [2025년]
- 응시자는 '백' 잡혀주세요. 탈출해서 사이드로 가고, 다음 마운트 타서, S마운트로 전환 후, 암바로 끝내세요. [2025년]
- 응시자는 '클로즈가드' 잡혀주세요. 가드브레이크해서 하프가드 만들고, 하프가드에서 니바 시도 후에, 토우홀드로 끝내세요. [2025년]

- 응시자는 ‘클로즈가드’ 잡혀주세요. 가드브레이크 후에 하프가드 만들고, 거기서 허니홀 세팅 후에, 스트레이트 풋락으로 끝내세요. [2025년]
- 응시자는 ‘하프가드’ 잡혀주세요. 딥하프가드로 전환 후 스윕하고, 하프가드 패스 후, 사이드에서 다스초크로 끝내세요. [2025년]
- 응시자는 ‘마운트’ 잡혀주세요. 탈출해서 클로즈가드 만들고, 펜듈럼스윕 후, 마운트에서 트라이앵글 초크로 끝내세요. [2025년]
- 응시자는 ‘사이드’ 잡혀주세요. 클로즈가드로 탈출하고, 범프스윕(싯업스윕) 후, 마운트에서 이지키엘 초크(소매조르기)로 끝내세요. [2025년]
- 응시자는 ‘데라히바가드’ 잡으세요. ‘베림보로’로 상대 백 잡고, 백컨트롤에서 트라이앵글 초크로 끝내세요. [2025년]
- 응시자는 ‘클로즈가드’ 잡혀주세요. 클로즈가드 패스하여 사이드컨트롤로 이동 후, 니온벨리 만들어서, 베이스볼 초크로 끝내세요. [2025년]
- 응시자는 ‘마운트’ 잡혀주세요. 클로즈가드로 탈출하여, 스파이더가드로 전환해 컨트롤하다가, 오모플라타로 끝내세요. [2025년]
- (기본 문항) 한팔업어치기 해보세요. [2025년]
- (기본 문항) 업어치기 해보세요. [2025년]
- (기본 문항) 앵클픽 해보세요. [2025년]
- (기본 문항) 허리껴치기 해보세요. [2025년]
- (기본 문항) 안다리후리기 해보세요. [2025년]
- (기본 문항) 안뒤축후리기 해보세요. [2025년]
- (기본 문항) 싱글렉 테이크다운 해보세요. [2025년]
- (기본 문항) 더블렉 테이크다운 해보세요. [2025년]

- 응시자는 ‘데라히바가드’ 잡으세요. 베림보로해서 ‘백’으로 가시고, 더블라펠초크(안아조르기)로 끝내세요. [2024년]
- 응시자는 ‘클로즈가드’ 잡혀주세요. 가드브레이크해서 하프가드 만들고, 패스해서 사이드에서 베이스볼 초크로 끝내세요. [2024년]
- 응시자는 ‘데라히바가드’ 잡으세요. 딥데라히바로 백 잡으시고, ‘백’에서 보우앤에로우 초크로 끝내세요. [2024년]
- 응시자는 ‘가드’ 잡으세요. 웜가드나 라펠가드 세팅하고, 스윕한 후에 니컷이나 니슬라이드로 패스해서, 베이스볼 초크로 끝내세요. [2024년]
- 응시자는 ‘마운트’ 잡혀주세요. 탈출해서 클로즈가드 만들고, 월리엄가드/오버훅가드/러브가드 중 원하는 가드 세팅 후, 고고블라따로 끝내세요. [2024년]
- 응시자는 ‘라소가드’ 잡혀주세요. 패스해서 사이드로 가고, 다음 마운트 타서, 암트라이앵글로 끝내세요. [2024년]
- 응시자는 ‘클로즈가드’ 잡혀주세요. 가드 브레이크해서 하프가드 만들고, 패스해서 사이드에서 베이스볼 초크로 끝내세요. [2024년]
- 응시자는 ‘하프가드’ 잡으세요. 딥하프로 가서 스윕하고, 더블언더패스로 사이드가고, 암트라이앵글로 끝내세요. [2024년]
- 응시자는 ‘사이드’ 잡혀주세요. 탈출해서 클로즈가드 만들고, 라소가드로 전환해서, 바이셉스락(이두근 조르기)으로 끝내세요. [2024년]
- 응시자는 ‘사이드’ 잡혀주세요. 탈출해서 클로즈가드 만들고, 스파이더가드로 전환해서, 트라이앵글로 끝내세요. [2024년]
- 응시자는 ‘스카프홀드(곁누르기)’ 잡혀주세요. 브릿지로 탈출하고, 탑사이드에서 기무라 후에, 암바로 끝내세요. [2024년]
- 응시자는 ‘리버스 데라히바가드’ 잡으세요. ‘리버스 베림보로’로 상대 백 잡고, 하프넬슨 초크(죽지걸어 조르기)로 끝내세요. [2024년]

- 응시자는 ‘스탠딩’ 준비하세요. 시팅가드(싯업가드)로 가서, 시팅가드 스윕한 후에, 탑에서 앵클락(스트레이트 풋락)으로 끝내세요. [2024년]
- 응시자는 ‘라소가드’ 잡혀주세요. 라소가드 패스해서, 니온벨리 만들고, 베이스볼 초크로 끝내세요. [2024년]
- (기본 문항) 손기술 하나 해 보세요(예: 양팔업어치기, 한팔업어치기). [2024년]
- (기본 문항) 허리기술 하나 해 보세요(예: 허리후리기, 허리튀기, 허리껴치기). [2024년]
- (기본 문항) 다리기술 하나 해 보세요(예: 밧다리후리기, 안뒤축후리기, 안다리후리기). [2024년]
- (기본 문항) 누우면서 메치기 하나 해 보세요(예: 배대뒤치기, 안오금띄기). [2024년]
- (기본 문항) 태클해 보세요(예: 싱글렉 테이크다운, 더블렉 테이크다운, 앵클픽). [2024년]
- 하프가드셋업-서브미션(가드 연계 기술 해 보세요) [2023년, 2022년]
- 하프가드셋업-스윕-가드패스-서브미션(가드 연계 기술 해 보세요) [2023년, 2022년]
- 오픈가드셋업-서브미션(가드 연계 기술 해 보세요) [2023년, 2022년]
- 오픈가드셋업-스윕-가드패스-서브미션(가드 연계 기술 해 보세요) [2023년, 2022년]
- 클로즈가드셋업-서브미션(가드 연계 기술 해 보세요) [2023년, 2022년]
- 클로즈가드셋업-스윕-서브미션(가드 연계 기술 해 보세요) [2023년, 2022년]
- 사이드컨트롤-마운트 전환-서브미션(공격 포지션/탑 포지션 해 보세요) [2023년, 2022년]
- 사이드컨트롤-백컨트롤 전환-서브미션(공격 포지션/탑 포지션 해 보세요) [2023년, 2022년]

- 사이드컨트롤-니온벨리 전환-서브미션(공격 포지션/탑 포지션 해 보세요) [2023년, 2022년]
- 마운트-서브미션(공격 포지션/탑 포지션 해 보세요) [2023년, 2022년]
- 마운트-백컨트롤 전환-서브미션(공격 포지션/탑 포지션 해 보세요) [2023년, 2022년]
- 백컨트롤-서브미션(공격 포지션/탑 포지션 해 보세요) [2023년, 2022년]
- 백컨트롤-마운트 전환-서브미션(공격 포지션/탑 포지션 해 보세요) [2023년, 2022년]
- 사이드컨트롤 이스케이프-가드-서브미션(디펜스 포지션/바텀 포지션 해 보세요) [2023년, 2022년]
- 사이드컨트롤 이스케이프-가드-스윕(디펜스 포지션/바텀 포지션 해 보세요) [2023년, 2022년]
- 마운트 이스케이프-가드-스윕(디펜스 포지션/바텀 포지션 해 보세요) [2023년, 2022년]
- 마운트 이스케이프-탑포지션-가드패스(디펜스 포지션/바텀 포지션 해 보세요) [2023년, 2022년]
- 백컨트롤 이스케이프-가드-스윕(디펜스 포지션/바텀 포지션 해 보세요) [2023년, 2022년]
- 백컨트롤 이스케이프-탑포지션-가드패스(디펜스 포지션/바텀 포지션 해 보세요) [2023년, 2022년]

2 구술시험 기출문제

1) 경기규칙

- 노기 복장 규정에 대해 설명하세요. [2025년]

  [예시 답안] 래시가드는 적색과 청색으로 각각 준비합니다(두 가지가 혼합된 복장은 안 됨). 쇼츠는 검정색 또는 래시가드와 동일한 색상이어야 합니다. 쇼츠의 길이는 허벅지 중앙을 넘어야 하고 무릎보다 위에 위치해야 합니다. 주머니가 없어야 하고 상대에게 부상을 유발할 수 있는 금속이나 플라스틱이 달려 있으면 안 됩니다.

- 상대 선수가 터틀 자세가 되었을 때 상황에 따른 포인트 규정에 대해 설명하세요. [2025년, 2024년]

  [예시 답안] 수비하는 선수가 포인트를 빼앗기지 않기 위해 방어적인 차원에서 터틀로 전환하는 경우, 공격하는 선수에게 어드밴티지가 주어집니다. 이 경우, 터틀로 있는 상대의 앞이나 뒤 어느 쪽에서 컨트롤 해도 어드밴티지로 인정됩니다. 그러나 공격자가 상대를 터틀 자세로 만들었거나, 가드가 롤백하여 터틀 자세가 된 경우에는 상대의 어깨 라인 뒤에서 컨트롤을 해야만 어드밴티지를 받습니다. 어드밴티지를 받기 위해서는 터틀로 있는 선수의 무릎이 한쪽이라도 꿇어져 있어야 합니다.

- 메이저 파울의 종류와 예시에 대해 설명하세요. [2025년]

  [예시 답안] 한 번의 위반으로 실격 처리되는 파울에는 두 가지 종류가 있습니다(메이저 테크니컬 파울, 메이저 디서플리너리 파울). 메이저 테크니컬 파울은 기술적인 반칙에 해당하며, 이 경우 해당 경기에서만 실격 처리되고, 같은 대회의 다른 경기에는 출전할 수 있습니다. 대표적인 예는 슬램이나 손가락 꺾기처럼 금지된 서브미션 기술을 사용하는 경우입니다. 메이저 디서플리너리 파울은 태도나 행동에 관련된 중대한 반칙으로, 이 경우에는 해당 경기뿐만 아니라 대회 전체에서 실격 처리됩니다. 이에 따라 남은 모

든 경기에 출전할 수 없고, 이미 치른 경기의 메달도 박탈되며 최종 순위에서도 제외됩니다. 예시로는 발차기, 손이나 팔꿈치로 상대를 때리는 행위, 욕설이나 불경스러운 행동 표출 등이 있습니다.

- 페널티의 종류와 처벌 규정에 대해 설명하세요. [2024년]

[예시 답안] 페널티에는 실격성 페널티와 누적성 페널티가 있습니다. 한 번의 위반으로 실격되는 실격성 페널티로는 메이저 테크니컬 페널티와 메이저 디서플러너리 페널티가 있습니다. 누적성 페널티는 한 번의 위반으로 실격되지 않고 U18 이상은 4번 누적되었을 때, U16 이하는 6번 누적되었을 때 실격이 됩니다. U18 이상의 경우 첫 번째 위반 시 페널티가 되고, 두 번째 위반 시 페널티와 상대 선수에게 어드밴티지, 세 번째 위반 시 페널티와 상대 선수에게 2점, 네 번째 위반 시 실격이 됩니다.

- 백컨트롤에 대해 설명하세요. [2025년, 2023년, 2022년]

[예시 답안] 백컨트롤은 공격자가 방어자의 등 뒤에서 양발을 이용해 방어자의 골반이나 허벅지 안쪽을 동시에 컨트롤하는 포지션을 말하며, 이 상태를 3초 이상 유지하면 포인트가 부여됩니다. 한쪽 발로만 컨트롤하거나, 양다리를 서로 꼬는 크로스 형태 또는 바디 트라이앵글로 컨트롤하는 경우에는 포인트가 주어지지 않습니다. 이러한 경우에는 백컨트롤로 간주되긴 하지만, 포인트는 부여되지 않고, 그 상태에서 경기가 종료되거나 다른 포지션으로 전환되었을 경우에는 어드밴티지가 주어집니다.

- U16에서 가능한 초크에 대해 설명하세요. [2025년]

[예시 답안] 크로스라펠 초크, 백 초크(RNC), 루프 초크, (도복을 이용한)포암 초크, (도복을 이용한)펀치 초크, 레그 트라이앵클 초크 등.

- U18에서는 가능하지만 U16에서는 금지인 초크에 대해 설명하세요. [2025년]

[예시 답안] 길로틴 초크, 다스 초크, 노스엔사우스 초크, 불독 초크, FNC, 이지키엘 초크, (도복을 이용하지 않는)포암 초크, (도복을 이용하지 않는)펀치 초크 등.

- 고등부 및 성인부 시합에서는 허용되지만, 초등부 및 중등부 시합에서는 허용되지 않는 서브미션을 3가지 이상 설명하세요. [2023년, 2022년]

  [예시 답안] 도복을 사용하지 않고 목을 조르는 초크 종류(다스 초크, 아나콘다 초크, 길로틴 초크, 프론트 네이키드 초크. 단, RNC는 제외), 소매 조르기(이지키엘 초크), 칸토 초크, 앵클락, 오모플라타, 트라이앵글 초크 시도 시 머리 당기기, 리스트락 등.

- 테이크다운이나 스윕에서 무릎을 꿇고 상대를 넘겼을 경우의 포인트 시스템에 대해 설명하세요. [2025년]

  [예시 답안] 테이크다운은 스탠딩 상태에서 상대를 넘겨 상위 포지션을 점유했을 때 포인트가 부여되며, 스윕은 가드 상태에서 상대를 넘겨 상위를 차지했을 때 포인트가 주어집니다. 그러나 스탠딩에서 무릎을 꿇고 딜레이가 있은 후에 상대를 넘기는 경우에는 포인트는 물론 어드밴티지도 인정되지 않습니다. 스탠딩이나 가드 상태에서 무릎을 꿇는 동작과 동시에 상대를 넘긴 경우에는 그 동작이 연속적인 공격으로 인정되어 포인트가 부여됩니다. 하지만 무릎을 꿇은 이후 상대를 잡지 않은 채 얼마의 시간이 지난 뒤 넘긴 경우처럼 동작 간에 명확한 딜레이가 있다면 포인트는 인정되지 않습니다. 다만, 스탠딩이나 가드 상태에서 이미 잡고 있던 그립을 유지한 채 무릎을 꿇고 시간이 다소 지난 뒤라도 그 그립을 활용해 상대를 넘긴 경우에는 포인트가 부여됩니다. 즉, 기술 시도 간의 연속성과 그립 유지 여부가 포인트 판정의 중요한 기준이 됩니다.

- 주짓수 도복 규정에 대해 설명하세요. [2025년, 2023년, 2022년]

  [예시 답안] 도복 상의 소매 끝이 양팔을 앞으로 펼쳤을 때 손목에서 5cm 이내여야 합니다. 도복 하의 끝은 발목에서 5cm 이내여야 합니다. 도복 상의와 하의의 여유 폭은 7cm 이상이어야 합니다. 상의 도복이 엉덩이를 덮어야 합니다. 도복 상의 깃의 너비는 5cm 이하여야 합니다. 도복 상의 깃

의 두께는 1.3cm 이하여야 합니다. 벨트는 4~5cm 두께로 허리를 두 번 감을 수 있어야 하며 묶었을 때 남는 길이가 20~30cm이어야 합니다.

- 탑하프가드 홀딩 컨트롤 규정에 대해 설명하세요. [2025년]

[예시 답안] 가드패스 과정 중 탑 포지션에서 상대를 잠시라도 컨트롤 한 경우, 하프가드 탑 컨트롤로 어드밴티지를 받습니다. 그러나 어드밴티지는 즉시 주어지는 것이 아니라 이후 상황에 따라 달라집니다. 예를 들어 상대가 가드로 리커버리 했을 때, 스윕을 했을 때, 경기가 종료되었을 때 어드밴티지가 주어집니다. 가드패스 과정에서 만들어진 하프가드, 셀프 하프가드, 더블풀가드 상황에서 탑을 차지하면서 바로 하프가드로 진입한 경우도 어드밴티지 조건이 됩니다. 딥하프가드, 리버스 하프가드, 니컷(니슬라이스) 상황에서의 하프가드 컨트롤은 어드밴티지가 주어지지 않습니다. 사이드 포지션, 니온벨리, 마운트, 터틀, 백컨트롤 같은 가드가 아닌 포지션에서 만들어진 하프가드, 테이크다운 직후 형성된 하프가드, 스윕을 당한 직후 만들어진 하프가드는 어드밴티지를 받을 수 없습니다.

- JJIF의 규정과 동호인 대회인 IBJJF의 규정은 어떤 점이 다른지 설명하세요. [2025년]

[예시 답안] ▲[도복 색깔] JJIF 백색만 허용 / IBJJF 청, 흑, 백 허용, ▲경기 시간, ▲체급들, ▲[남자 래시가드 착용] JJIF 가능 / IBJJF 불가능, ▲[동점 상황에서 승자 결정] JJIF 골든 스코어 결판 / IBJJF 우세승, ▲[선수가 기절한 경우 조치] JJIF: 기절 상황 발생 시 나머지 경기 참여 불가, 의료 처치 받아야 함 / IBJJF: 초크에 의해 기절 시 나머지 경기 참여 가능. 머리 충격에 의한 기절 시 나머지 경기 참여 불가능, 의료 처치 받아야 함, ▲[경기중 선수의 말이나 제스처에 관한 파울] JJIF: 의료적인 문제 또는 도복 관련 문제를 제외한 모든 대화 불가능. 챌린지 동안에도 코치를 포함한 누구와도 대화 불가능 / IBJJF: 포인트에 관한 것을 제외하고는 누구와도 대화나 제스처 교환 가능, ▲[의료 처치 시간] JJIF: 2분 안에 치료

해야 함. 시간이 지나면 상대 선수를 승자로 함 / IBJJF: 정해진 의료 처치 시간 없음. 현장에서 심판이 의료진과 협의 후 경기 관련 사항 결정, ▲[의료 처치 후에도 같은 상처에서 출혈 발생 시] JJIF: 같은 상처 출혈 여부 및 횟수와 상관없이 2분 안에만 처치하면 됨 / IBJJF: 같은 상처에 2번의 처치 후에도 다시 출혈이 발생할 경우 상대 선수를 승자로 선언.

- 더블풀가드에 대해 설명하세요. [2025년, 2023년, 2022년]

[예시 답안] 양 선수가 스탠딩이나 무릎을 꿇고 있는 상태에서 동시에 가드로 내려가는 상황을 더블풀가드라고 합니다. 이때 심판은 즉시 20초 스톨링 카운트를 시작합니다. 만약 더블풀가드 포지션에서 20초가 지나도록 어느 누구도 탑 포지션을 점유하지 않으면, 심판은 경기를 중단하고 양 선수에게 페널티를 부여한 뒤, 경기를 중앙에서 스탠딩으로 재개합니다. 20초가 지나기 전에 한 선수가 먼저 탑 포지션을 점유할 경우, 해당 선수에게는 어드밴티지가 주어집니다. 선수가 백컨트롤처럼 포인트가 가능한 포지션으로 전환 중이거나 서브미션 시도를 진행하고 있는 경우, 심판은 기술의 성공 여부를 판단하기 위해 20초가 지나더라도 경기를 속행할 수 있습니다.

- 상대 도복을 컨트롤 할 때 파울이 되는 경우로 어떤 것들이 있는지 설명하세요. [2025년]

[예시 답안] ▲상대 선수 옷소매 안쪽이나 바짓단 안쪽을 잡을 때, ▲상대 선수 도복 상의 안쪽 또는 바지 안쪽 부분을 잡을 때, ▲상대 선수 도복 안쪽으로 손을 통과시켜서 바깥쪽을 잡을 때, ▲상대 선수 도복 목뒤 라펠에 발을 걸었을 때, ▲상대 선수가 허리에 감은 띠에 발을 걸었을 때, ▲풀어진 벨트를 사용하여 초크 등의 기술을 시도 했을 때, ▲노기 경기에서 상대 선수의 옷이나 자신의 옷을 잡았을 때.

- 심판과 의견이 다르더라도 챌린지를 할 수 없는 경우가 있습니다. 이에 대해 설명하세요. [2024년]

[예시 답안] ▲스톨링 페널티에 대한 챌린지, ▲오래전 상황에 대한 챌린

지, ▲챌린지가 거부되어 더 이상 챌린지 기회가 없는 경우, ▲이미 검토가 끝난 동일한 상황에 대한 챌린지.

- 승부의 결정방법과 포인트 시스템에 대해 설명하세요. [2024년]

[예시 답안] 주짓수 경기의 궁극적인 목적은 상대에게 항복을 받는 데 있습니다. 만약 정해진 시간 안에 승부가 결정 나지 않을 경우 포인트를 많이 받은 선수를 승자로 합니다. 포인트도 같다면 어드밴티지를 많이 받은 선수를 승자로 합니다. 어드밴티지도 같다면 페널티를 적게 받은 선수를 승자로 합니다. 만약 모두 같다면 골든 스코어로 승부를 결정합니다. 골든 스코어에서는 포인트나 어드밴티지를 먼저 받는 선수를 승자로 합니다. 페널티를 받게 된다면 상대 선수를 승자로 합니다. 테이크다운은 2점, 가드패스 3점, 니온벨리 2점, 스윕 2점, 마운트/백마운트/백컨트롤은 4점입니다. 포인트를 받기 위해서는 포인트 포지션에서 3초를 유지해야 하며 만약 3초 유지 전에 상대가 탈출하거나 경기가 종료된 경우 어드밴티지를 받습니다.

- 2024년 변경룰에 대해 설명하세요. [2024년]

[예시 답안] ▲스트레이트 풋락 상황에서 공격하지 않는 다리 쪽으로 회전 가능하며, 해당 공격은 노기 어덜트 브라운-블랙벨트에서만 가능하던 기술이었는데 U18 이상 도복 경기에 가능한 기술이 되었습니다. 그 이하 디비전에서는 금지입니다. ▲50/50 가드에서 가드가 라펠이나 벨트를 상대 다리에 감아서 컨트롤하는 경우 20초 후 스톨링 페널티를 받습니다. ▲도복 안에 착용할 수 있는 래시가드 색이 화이트에서 화이트 또는 블랙(두 가지 색상)으로 바뀌었고, 남성은 금지였는데 현재는 선택사항으로 바뀌었습니다. ▲화장으로 인해 상대의 도복이 심하게 오염되는 경우 실격이 됩니다. ▲트랜스젠더는 태어날 당시의 성으로 출전해야 합니다.

- 세컨의 올바른 자세와 챌린지 방법에 대해 설명하세요. [2024년]

[예시 답안] ▲세컨은 경기장에 한 명만 입장이 가능하고 한 선수에게만 코치할 수 있습니다. ▲세컨은 챌린지 요청을 하지 않는 한 지정된 의자에 앉

아 있어야 합니다. 휴대폰이나 기타 전자 기기를 사용할 수 없고 사진이나 비디오를 촬영할 수 없습니다. ▲세컨은 앉아서 코치해야 합니다. 챌린지 상황이 아닌데도 일어서는 경우 경고를 받고, 그래도 반복될 경우 퇴장됩니다. ▲세컨은 단체복이나 정장과 같이 단정한 복장을 갖춰야 합니다. 예선전에서는 팀복(운동복)이 허용되나 결승전에서는 정장을 착용해야 합니다. 모자를 쓸 수 없으며, 적절한 복장 규정을 준수하지 않을 경우 세컨으로 참여할 수 없습니다. ▲심판과 본인의 의견이 다를 경우 일어나서 AD카드를 들어 올려 챌린지를 요청합니다. 챌린지가 받아들여지기 전에 자리에 앉으면 이를 취소한 것으로 봅니다. ▲챌린지 요청은 즉시 받아들여지는 것이 아니고, 선수들의 서브미션이나 스코어링 상황 등의 움직임이 종료된 후 수락됩니다. ▲챌린지의 인정 여부는 매트심판이 제스처로 알립니다. 심판은 챌린지 승인 여부에 대한 설명을 제공하지 않습니다. ▲챌린지는 해당 체급에서 1번의 기회가 있으며 챌린지가 인정되는 경우 해당 기회는 계속해서 주어집니다. 챌린지가 거부되는 경우 더 이상의 기회는 없으나, 메달 결정전에 진출할 경우 기회가 다시 한번 주어집니다.

- 경기가 종료된 후 판정 번복은 불가능하지만, 예외인 경우가 있는데 어떤 것들이 있는지 설명해 보세요. [2024년]

[예시 답안] ▲서브미션으로 승자 선언을 했으나 금지 기술이었던 경우, ▲심판이 정당한 기술을 금지 기술로 착각하고 실격패를 주었을 경우, ▲승자 선언을 반대로 했을 경우.

- 스탠딩과 그라운드에서 스톨링 페널티를 적용하는 방법을 설명하세요. [2024년]

[예시 답안] ▲스탠딩에서 선수들이 (그립을 잡지 않는 등) 적극적으로 공방을 하지 않을 경우 10초 후 경기를 중지하고 스톨링 페널티를 부과합니다. ▲그라운드에서 움직임이 소극적일 경우 심판은 해당 선수에 해당하는 팔을 수평으로 들어 올려 10초 카운트 워닝을 합니다. 10초 후에도 움직임이

소극적일 경우 스톨링 페널티를 부과합니다. ▲스탠딩이나 그라운드 상황 모두 한 선수가 스톨링일 경우 경기를 중지하지 않고 해당 선수에게 스톨링 페널티를 부과합니다. 양 선수에게 스톨링 페널티를 주는 경우에는 경기를 중지하고 부과합니다.

- 선수 카테고리 구분과 체급 구분에 대해 설명하세요(하나의 카테고리만 질문, 체급 단위: kg). [2024년]

[예시 답안] ▲어덜트/마스터/U21: 남자 -56, -62, -69, -77, -85, -94, +94 / 여자 -45, -48, -52, -57, -63, -70, +70, ▲U18: 남자 -48, -52, -56, -62, -69, -77, -85, +85 / 여자 -40, -44, -48, -52, -57, -63, -70, +70, ▲U16: 남자 -40, -44, -48, -52, -56, -62, -69, -77, +77 / 여자 -32, -36, -40, -44, -48, -52, -57, -63, +63, ▲U14: 남자 -32, -36, -40, -44, -48, -52, -56, -62, -69, +69 / 여자 -25, -28, -32, -36, -40, -44, -48, -52, -57, +57, ▲U12: 남자 -25, -28, -32, -36, -40, -44, -48, -52, +52 / 여자 -22, -25, -28, -32, -36, -40, -44, -48, +48, ▲U10: 남자 -22, -25, -28, -32, -36, -40, -44, +44 / 여자 -20, -22, -25, -28, -32, -36, -40, +40.

- 포인트를 받을 수 있는 상황을 4가지 이상 설명하세요. [2023년, 2022년]

[예시 답안] ▲2점: 테이크다운, 니온벨리, ▲3점: 가드패스, ▲4점: 마운트, 백마운트, 백컨트롤.

- 어드밴티지를 받을 수 있는 상황을 4가지 이상 설명하세요. [2023년, 2022년]

[예시 답안] ▲포인트 포지션을 점유했으나 - 3초를 유지하지 못한 경우, 3초 유지 전에 경기가 종료된 경우, 상대방의 탈출로 인해 장외가 된 경우, ▲상대가 두 번째 누적성 페널티를 받은 경우, ▲리얼데인저 서브미션 상황이 있을 경우.

- 모든 벨트 레벨에서 허용되지 않는 기술을 4가지 이상 설명하세요. [2023년, 2022년]

  [예시 답안] 시저스 테이크 다운, 초크 없이 경추를 직접적으로 비트는 기술(트위스터, 넥크랭크 등), 슬램, 손가락이나 발가락 등을 꺾는 기술.

- 마이너 파울 상황을 3가지 이상 설명하세요. [2023년, 2022년]

  [예시 답안] ▲상대를 잡지 않고 가드로 가거나, 무릎을 꿇거나, 앉은 자세를 유지하는 경우, ▲스탠딩 또는 그라운드에서 상대와의 공방을 회피하면서 경기구역을 벗어나는 경우, ▲스탠딩에서 서브미션이나 점수를 얻으려는 기술적인 시도 없이 상대를 경기구역 밖으로 밀어 내보내는 경우, ▲그라운드 공방에서 탈출 후 이를 회피하기 위해서 그라운드로 돌아가지 않으려 하는 경우, ▲가드로 내려가는 상대의 그립을 뜯어낸 후 그라운드 공방을 하지 않으려고 피해 다니는 경우, ▲경기를 중지시키기 위해 도복이나 띠를 의도적으로 푸는 경우, ▲상대 선수의 도복 소매 안쪽 또는 바짓단 안쪽에 손가락을 넣어서 잡는 경우, ▲상대 선수의 도복 상의 안쪽 또는 바지 안쪽 부분을 잡는 경우, ▲상대 선수의 도복 상의를 발로 밟고 있는 경우, ▲상대 선수의 도복 안쪽으로 손을 통과시켜서 바깥쪽을 잡는 경우, ▲심판의 결정에 대하여 선수가 말이나 제스처로 누군가와 소통하는 경우, ▲심판의 지시를 따르지 않는 경우, ▲경기 종료 후 심판이 승자 선언을 하기 전에 경기구역을 벗어나는 경우, ▲장외로 무작정 도망가는 경우, ▲노기 시합에서 자신의 옷이나 상대의 옷을 잡는 경우, ▲상대 선수의 얼굴에 손이나 발을 대는 경우(손/발을 상대의 눈/코/입 주변인 얼굴 정면에 대거나 미는 경우), ▲의도적으로 상대 선수의 벨트에 발을 거는 경우, ▲상대 선수의 도복 라펠을 손으로 잡지 않고 발로만 컨트롤하는 경우, ▲상대 도복 목 뒤 라펠에 발을 걸어 컨트롤하는 경우, ▲풀어진 자신 또는 상대의 벨트로 기술을 시도하는 경우, ▲벨트 또는 바지 끈을 20초 이내에 고쳐 묶지 않는 경우, ▲시합장을 빙빙 돌며 공방을 피하는 경우.

- 메이저 테크니컬 파울 상황을 3가지 이상 설명하세요. [2023년, 2022년]

  [예시 답안] ▲도복이 손상되었을 때 정해진 시간 내에 도복을 교체하지 못하는 경우, ▲서브미션 방어자가 (테크니컬웨이와 상관없이) 무작정 장외로 도망가는 경우, ▲고의로 상대를 파울 자세로 만드는 경우, ▲속옷을 입지 않은 경우, ▲자신의 몸이나 도복에 미끄럽게 하는 오일, 젤 등의 물질을 바르는 경우, ▲자신의 몸에 접착력을 향상시키는 물질을 바르는 경우, ▲손으로 상대의 입과 코를 막아 숨 쉬는 것을 막는 경우.

- 페널티를 받는 도복 그립 또는 컨트롤에 대해 설명하세요. [2023년, 2022년]

  [예시 답안] ▲소맷단이나 바짓단 안쪽에 손을 넣어 잡는 경우, ▲상대 도복 상의 안쪽으로 손을 통과시켜 바깥쪽으로 그립을 잡는 경우, ▲상대 도복의 라펠을 손 그립 없이 발로만 컨트롤하는 경우, ▲상대 도복 상의를 발로 밟아 컨트롤하는 경우, ▲상대 도복 목뒤 라펠을 발로 컨트롤하는 경우, ▲상대방 (상의 또는 바지)도복 안쪽 부분만 잡는 경우.

- 하프가드 탑컨트롤 시 어드밴티지를 받을 수 있는 상황에 대해 설명하세요. [2023년, 2022년]

  [예시 답안] 상대방의 풀가드 또는 가드패스 중 만들어진 하프가드 상황에서 (반드시 체스트-투-체스트가 아니어도) 상대를 움직이지 못하게 컨트롤한 경우, 그리고 컨트롤 중 상대가 리커버리하거나, 본인이 스윕을 당하거나, 경기가 종료된 경우 어드밴티지를 받을 수 있습니다. 단, 그 상태에서 가드패스까지 이루어진 경우에는 하프가드에 대한 어드밴티지는 없고 가드패스에 대한 포인트만 받습니다.

- 주짓수 경기장 규격에 대해 설명하세요. [2023년, 2022년]

  [예시 답안] 파이팅 에어리어: 가로 8m x 세로 8m 이상, 매치 에어리어: 가로 10m x 세로 10m 이상.

- 연령별 주짓수 경기 시간에 대해 설명하세요. [2023년, 2022년]

[예시 답안] 성인(18세 이상) 5분, U21 5분, 마스터(35세 이상) 5분, U18 4분, U16 3분, U14 3분, U12 3분, U10 1.5분 / 전체 카테고리 남녀 경기 시간 동일.

- 경기 중 벨트와 바지 끈을 고쳐맬 때 허용되는 최대시간은 얼마인가요? [2023년, 2022년]

[예시 답안] 벨트 묶는 데 20초, 바지 끈 묶는 데 20초.

- 니리핑 상황에 대해 설명하고, 누적성 페널티를 받는 상황과 실격성 페널티를 받는 상황에 대해 설명하세요. [2023년, 2022년]

[예시 답안] 본인의 다리가 상대의 종아리 아래를 지나 허벅지 위로 올려졌을 때 니리핑이라고 합니다. 니리핑 자체는 금지 기술이 아닙니다. 상대 허벅지 위를 지난 본인의 다리가 상대의 몸 중앙을 넘으면 페널티, 상대방의 옆구리 라인을 넘어가면 실격입니다. 앵클락 상황에서는 상대 허벅지 위를 지난 본인의 다리가 상대의 몸 중앙만 넘어도 실격입니다.

- 테이크다운을 통해 2점을 받을 수 있는 조건에 대해 설명하세요. [2023년, 2022년]

[예시 답안] ▲양 선수가 스탠딩인 상태에서 한 선수가 상대방 선수를 등이나 옆구리, 엉덩이가 바닥에 닿게 넘어뜨리고 3초 이상 자세를 유지, ▲양 선수가 스탠딩인 상태에서 한 선수가 상대방을 벨리다운 자세나 올포 자세(터틀자세)로 만들고 어깨 라인 뒤에서 3초 이상 컨트롤 유지. 이때 최소 한 쪽 무릎이 바닥에 닿아 있어야 함, ▲테이크다운 후 서브미션을 잡힌 경우 점수를 받을 수 없음. 서브미션이 해제되고 3초 이상 탑을 유지.

- 경기 중 부상에 따른 메디컬 타임의 시간과 횟수에 대해 설명하세요. [2023년, 2022년]

[예시 답안] 메디컬 타임은 경기당 최대 2분입니다. 메디컬 타임 시작은 의료진이 처치를 시작한 시점입니다. 치료 처치 횟수는 상관없고, 2분 안에만 처리하면 됩니다.

- 니온벨리 자세와 점수에 대해 설명하세요. [2023년, 2022년]

  [예시 답안] ▲위를 보고 누워있거나 옆으로 누워있는 상대의 배, 가슴, 옆구리에 자신의 무릎을 올려놓고 반대 다리는 바닥에 닿지 않게 편 채로 3초 이상 컨트롤하는 경우 2점을 받습니다. 반대 다리를 펴지 않고 바닥에 닿게 하여 컨트롤하는 경우에는 어드밴티지만 받습니다. ▲상대방의 하체 쪽을 바라보고 시도하는 리버스(백워드) 니온벨리는 포인트와 어드밴티지가 없습니다.

- 스윕을 통해 2점을 받을 수 있는 조건에 대해 설명하세요. [2023년, 2022년]

  [예시 답안] ▲양 선수가 가드와 탑을 형성한 상황에서 가드에 있는 선수가 탑에 있는 선수를 넘겨 가드와 탑 포지션을 역전시키고 3초 이상 유지하는 경우. ▲가드에 있는 선수가 탑에 있는 선수를 넘겨 상대방을 벨리다운 자세나 올포 자세(터틀자세)로 만들고 어깨 라인 뒤에서 3초 이상 컨트롤하는 경우(이때 최소 한쪽 무릎이 바닥에 닿아 있어야 함). ▲스윕 성공 후 서브미션이 잡혀 있는 경우에는 서브미션이 해제된 후 3초 이상 포지션을 유지해야 함.

- 가드패스 중 어드밴티지를 받을 수 있는 경우에 대해 설명하세요. [2023년, 2022년]

  [예시 답안] ▲가드패스 후 3초 유지 전 – 상대가 탈출하거나, 시합이 종료되거나, 상대 선수의 테크니컬웨이로 장외가 된 경우. ▲가드패스 중 하프가드 탑컨트롤을 했을 경우.

- 장외에서 어드밴티지를 받을 수 있는 경우에 대해 설명하세요. [2023년, 2022년]

  [예시 답안] ▲포인트 포지션 점유를 매치 에어리어에서 성공했으나 3초 유지 전 상대의 테크니컬웨이로 인해 장외가 되었을 때, ▲리얼데인저 서브미션 상황에서 공격자의 움직임으로 인해 장외가 된 경우, ▲기술이 성공되었

으나 파이팅 에어리어 또는 세이프티 에어리어에 떨어진 후 튕기거나 밀려 장외가 되었을 때.

- 장외에서 2점이 부여되는 경우에 대해 설명하세요. [2023년, 2022년]

  [예시 답안] ▲스윕이나 테이크다운 상황에서 방어자가 기술적 방법 없이 무작정 도망가는 경우 방어자에게 페널티, 상대방에게 2점 부여, ▲서브미션 상황에서 방어자가 합당한 방법으로 탈출해 장외가 되는 경우 공격자에게 2점 부여.

- 장외가 되었을 때 마이너 파울이 되는 경우에 대해 설명하세요. [2023년, 2022년]

  [예시 답안] ▲스탠딩 또는 그라운드에서 상대와의 공방을 회피하며 장외로 나가는 경우, ▲스코어링 상황이나 불리한 상황에서 방어자가 기술적 방법 없이 무작정 도망가는 경우.

- 가드패스 상황에서 장외가 되었을 때 상황에 따른 심판의 조치를 설명하세요. [2025년]

  [예시 답안] ▲방어자의 테크니컬웨이로 인해 장외가 되는 경우 중앙에서 스탠딩으로 재개합니다. ▲기술이 성공되고 3초 유지 전에 테크니컬웨이 탈출로 장외가 되었다면 어드밴티지를 부여합니다. ▲방어자의 도망으로 인해 장외가 되었다면 페널티를 부과하고(누적 페널티 룰 적용), 상대방에게 2점을 부여하고, 중앙에서 같은 자세로 재개합니다. 만약 같은 자세를 재현할 수 없는 경우에는 스탠딩으로 재개합니다.

- 서브미션 상황에서 장외가 되었을 때 상황에 따른 심판의 조치를 설명하세요. [2024년]

  [예시 답안] ▲서브미션 상황에서 방어자가 무작정 장외로 도망가면 실격이 됩니다. ▲방어자의 테크니컬웨이로 인해 장외가 되면 리얼데인저 여부와 상관없이 공격자에게 2점을 주고 중앙에서 스탠딩으로 재개합니다. ▲(공격자

의 움직임으로 인하여 장외가 되었을 때) 공격자의 서브미션이 리얼데인저였다면 공격자에게 어드밴티지를 부여하고 중앙에서 스탠딩으로 재개합니다.

- 포인트 상황에서 장외가 되었을 때 상황에 따른 심판의 조치를 설명하세요. [2024년]

[예시 답안] ▲포인트 상황에서 세이프티 에어리어를 찍고 장외가 되는 경우 공격자에게 어드밴티지를 주고 중앙에서 스탠딩으로 재개합니다. ▲포인트 상황에서 3초 유지 전에 방어자의 테크니컬웨이로 인하여 장외가 되는 경우 공격자에게 어드밴티지를 주고 중앙에서 스탠딩으로 재개합니다. ▲포인트 상황에서 방어자가 테크니컬웨이가 아니라 무작정 도망간 경우 해당 선수에게 페널티 부여, 상대에게 2점 부여, 누적 페널티룰 적용, 중앙에서 같은 자세로 재개합니다. 만약 같은 자세 재현이 불가능한 경우 스탠딩으로 재개합니다. ▲장외가 되기 전 기술이 성공했고, 3초 유지 전 상대가 도망갔다면 공격자에게 어드밴티지를 부여합니다.

- 불리한 포지션에서 벗어나기 위해 무작정 도망을 가서 장외가 된 경우 심판의 판정에 대해 설명하세요. [2023년, 2022년]

[예시 답안] 정상적 기술 시도 없이 무작정 도망을 가서 장외가 된 경우 시도자에게는 페널티를, 상대방에게는 2점을 부여합니다.

- 시합 중 경기를 중지시키고 스탠딩으로 재개하는 경우에 대해 설명하세요. [2023년, 2022년]

[예시 답안] ▲이미 3개의 마이너 파울을 받은 양 선수에게 스톨링 파울을 주는 경우, ▲더블풀가드에서 20초가 지나도 탑을 차지하는 선수가 없는 경우, ▲U16 경기에서 점핑가드나 점핑 서브미션이 발생하는 경우, ▲U16 경기에서 아웃사이드 싱글렉이 시도된 경우.

- 가드패스의 개념에 대해 설명하세요. [2023년, 2022년]

[예시 답안] 가드패스는 탑 포지션의 선수가 가드 플레이를 펼치는 상대의 다리를 지나 상대의 등, 옆구리 또는 엉덩이가 매트에 닿도록 탑 컨트롤을 하는 동작입니다.

- 앵클락에 대해 설명하세요. [2023년, 2022년]

  [예시 답안] 앵클락은 상대의 발목 관절을 지렛대 원리로 압박하는 하체 서브미션입니다. 상대의 발을 겨드랑이에 고정한 뒤 상체를 젖히거나 회전하여 발목과 아킬레스건에 부담을 주는 기술입니다.

- 싱글렉 테이크다운에 대해 설명하세요. [2023년, 2022년]

  [예시 답안] 싱글렉 테이크다운은 상대의 한쪽 다리를 잡아 균형을 무너뜨린 후 넘어뜨리는 테이크다운 기술입니다. 다리를 당기거나 방향 전환을 통해 상대를 매트에 넘어뜨립니다.

- 힙이스케이프(새우빼기, 새우드릴)에 대해 설명하세요. [2023년, 2022년]

  [예시 답안] 힙이스케이프는 엉덩이를 바닥에서 밀어내듯이 이동하여 상대와의 거리를 확보하는 움직임입니다. 주로 사이드컨트롤이나 마운트 상황에서 가드를 회복하기 위해 사용됩니다.

- 숄더브릿지가 어떤 상황에서 쓰이는지 설명하세요. [2023년, 2022년]

  [예시 답안] 숄더브릿지는 엉덩이를 들어 올려 어깨로 지면을 지지하며 상대의 균형을 무너뜨리는 동작입니다. 주로 마운트나 사이드컨트롤에서 공간을 만들기 위해 사용됩니다.

- 프론트헤드락(길로틴 초크)이 나올 수 있는 상황에 대해 설명하세요. [2023년, 2022년]

  [예시 답안] 프론트헤드락은 상대가 테이크다운을 시도하며 상체를 숙이거나, 스크램블 상황에서 목이 노출되었을 때 사용할 수 있습니다.

- 트라이앵글 초크에 대해 설명하세요(세팅제외). [2023년, 2022년]

  [예시 답안] 트라이앵글 초크는 다리로 상대의 목과 한쪽 팔을 삼각형 형태로 감싸 경동맥을 압박하는 초크 기술입니다. 혈류를 차단하여 탭을 유도합니다.

- 오픈가드 패스 세 가지를 말하고, 그중 한 가지에 대해 자세히 설명하세요. [2023년, 2022년]

  [예시 답안] 오픈가드 패스에는 토레안도 패스, 니슬라이스 패스, 스텝 패스 등이 있습니다. 토레안도 패스는 상대의 다리를 양손으로 밀어내며 빠르게 측면으로 이동하여 사이드컨트롤로 진입하는 패스입니다.

- 오픈가드의 종류를 세 가지 말하고, 그중 한 가지 가드의 세팅 및 유지 방법에 대해 설명하세요. [2023년, 2022년]

  [예시 답안] 오픈가드에는 스파이더 가드, 데라히바 가드, 버터플라이 가드 등이 있습니다. 버터플라이 가드는 발바닥을 상대 허벅지 안쪽에 위치시키고 언더훅을 확보하여 균형을 조절하며 스윕을 준비하는 가드입니다.

- 사이드컨트롤(탑)에서 가능한 서브미션을 세 가지 말하고, 그중 한 가지에 대해 자세히 설명하세요. [2023년, 2022년]

  [예시 답안] 사이드컨트롤에서 가능한 서브미션으로는 아메리카나, 기무라, 암트라이앵글 등이 있습니다. 아메리카나는 상대의 팔꿈치를 고정한 상태에서 손목을 회전시켜 어깨 관절에 압박을 가하는 기술입니다.

- 사이드컨트롤(탑)을 안정적으로 유지하는 방법에 대해 설명하세요. [2023년, 2022년]

  [예시 답안] 사이드컨트롤을 유지할 때는 체중을 상대 상체에 분산시키고, 크로스페이스와 언더훅을 사용하여 상대의 어깨와 골반 움직임을 제한합니다.

- 사이드컨트롤(탑)에서 마운트로 전환하는 방법에 대해 설명하세요. [2023년, 2022년]

  [예시 답안] 상대의 무릎 진입을 차단한 상태에서 무릎을 상대 몸 위로 슬라이드시키며 상체 압박을 유지하면 마운트로 전환할 수 있습니다.

- 백컨트롤에서 가능한 서브미션을 세 가지 말하고, 그중 한 가지에 대해 자세히 설명하세요. [2023년, 2022년]

  [예시 답안] 백컨트롤에서 가능한 서브미션으로는 리어네이키드 초크, 보우

앤애로우 초크, 암바 등이 있습니다. 리어네이키드 초크는 팔로 상대의 목을 감싸 경동맥을 압박하는 초크 기술입니다.

- 백컨트롤을 안정적으로 유지하는 방법에 대해 설명하세요. [2023년, 2022년]

[예시 답안] 백컨트롤을 유지할 때는 훅을 안정적으로 걸고, 체스트 투 백 밀착과 안전벨트 그립을 사용하여 상대의 회전을 차단합니다.

- 백 초크에 대해 설명하세요. [2023년, 2022년]

[예시 답안] 백 초크는 상대의 등 뒤 포지션에서 팔로 목을 감싸 혈류를 차단하는 대표적인 초크 서브미션입니다.

- 클로즈가드 스윕 세 가지를 말하고, 그중 한 가지에 대해 자세히 설명하세요. [2023년, 2022년]

[예시 답안] 클로즈가드 스윕에는 힙범프 스윕, 시저스 스윕, 플라워 스윕 등이 있습니다. 힙범프 스윕은 상체를 세우며 엉덩이를 전진 압박해 상대의 균형을 무너뜨려 상위 포지션으로 전환하는 스윕입니다.

- 클로즈가드 패스의 종류를 세 가지 말하고, 그중 한 가지에 대해 자세히 설명하세요. [2023년, 2022년]

[예시 답안] 클로즈가드 패스에는 스탠딩 패스, 더블언더 패스, 스택 패스 등이 있습니다. 스탠딩 패스는 클로즈가드 안에서 일어서서 상대의 다리를 컨트롤한 뒤 가드를 오픈하고 패스로 연결하는 방법입니다.

- 클로즈가드에서 할 수 있는 서브미션 세 가지를 말하고 그중 한 가지에 대해 자세히 설명하세요. [2023년, 2022년]

[예시 답안] 클로즈가드에서 가능한 서브미션으로는 암바, 트라이앵글 초크, 기무라 등이 있습니다. 암바는 상대의 팔꿈치를 축으로 관절을 신전시켜 압박하는 관절기입니다.

- 하프가드(탑/바텀)에서 할 수 있는 서브미션을 세 가지 말하고, 그중 한 가지에 대해 자세히 설명하세요. [2023년, 2022년]

[예시 답안] 하프가드에서 가능한 서브미션으로는 기무라, 길로틴 초크, 암트라이앵글 등이 있습니다. 기무라는 상대 팔을 고정한 후 회전 압박을 통해 어깨 관절에 부담을 주는 기술입니다.

- 하프가드에서 할 수 있는 스윕을 세 가지 말하고, 그중 한 가지에 대해 자세히 설명하세요. [2023년, 2022년]

[예시 답안] 하프가드 스윕에는 언더훅 스윕, 롤오버 스윕, 딥하프 스윕 등이 있습니다. 언더훅 스윕은 언더훅을 깊게 확보한 뒤 상대의 중심을 위로 띄우거나 측면으로 무너뜨려 상위 포지션으로 전환하는 스윕입니다.

- 마운트 암바에 대해 설명하세요. [2023년, 2022년]

[예시 답안] 마운트암바는 마운트 포지션에서 상대의 팔을 고립시킨 뒤, 몸을 회전해 상대의 팔을 다리로 고정하고 팔꿈치 관절에 신전 압박을 가하는 관절기입니다.

- 마운트에서 이스케이프 하는 방법을 두 가지 말하고, 그중 한 가지에 대해 자세히 설명하세요. [2023년, 2022년]

[예시 답안] 마운트 이스케이프 방법에는 브릿지앤롤과 힙이스케이프 등이 있습니다. 브릿지앤롤은 상대의 한쪽 팔과 같은 쪽 다리를 동시에 고립시킨 뒤, 발로 바닥을 밀어 엉덩이를 들어 올려 브릿지를 만든 후 어깨를 축으로 몸을 회전시켜 상대를 넘기는 기술입니다.

- 마운트에서 전환 가능한 포지션에 대해 설명하세요. [2023년, 2022년]

[예시 답안] 마운트에서는 하이마운트, 백컨트롤, 암바 포지션 등으로 전환이 가능합니다.

- 가드 상황에서 상대방의 하단 라펠을 이용하여 할 수 있는 기술 하나를 설명하세요. [2023년, 2022년]

  [예시 답안] 가드 상황에서는 상대의 하단 라펠을 이용하여 라펠 초크 기술을 사용할 수 있습니다. 라펠 초크는 도복의 깃을 이용해 목을 감싸 경동맥을 압박하는 기술입니다.

- 파트너와 할 수 있는 오픈가드 패스 드릴 한 가지를 설명하세요. [2023년, 2022년]

  [예시 답안] 파트너가 오픈가드를 유지하면 토레안도 패스를 반복적으로 연습하며, 다리 컨트롤과 이동 타이밍을 익히는 드릴을 수련할 수 있습니다.

- 파트너와 할 수 있는 서브미션 드릴 한 가지를 설명하세요. [2023년, 2022년]

  [예시 답안] 서브미션 드릴의 한 예로는 암바-트라이앵글 연계 드릴이 있습니다. 이 드릴은 가드 포지션에서 상대의 팔을 고립시킨 뒤 암바 시도를 하고, 상대가 팔을 빼거나 자세를 세워 방어할 경우 트라이앵글 초크로 자연스럽게 전환하는 연습입니다.

- 기무라락이 나올 수 있는 상황 세 가지를 말하고, 그중 한 상황에 대해 자세히 설명하세요. [2023년, 2022년]

  [예시 답안] 기무라 락은 사이드컨트롤, 하프가드, 클로즈가드 상황 등에서 나올 수 있습니다. 사이드컨트롤에서는 상대의 팔꿈치를 몸에 밀착시키고 손목을 고정한 뒤 회전 압박을 통해 기무라를 완성합니다.

2) 지도 방법

- 주짓수가 사회 전반에 미치는 긍정적 역할과 중요성에 대해 설명하세요. [2025년]

  [예시 답안] 주짓수는 규칙적 신체활동을 통해 체력과 정신건강을 향상시키며, 인내 · 절제 · 존중과 같은 인성을 함양하는 데 기여합니다. 청소년의 일

탈 예방에도 긍정적 효과가 있으며, 국제대회 성과를 통해 국가의 스포츠 경쟁력 및 문화적 위상 제고에도 도움을 줍니다.

- 주짓수의 특성에 대해 설명하세요. [2024년]

[예시 답안] 주짓수는 그라운드 중심의 격투기 종목으로, 효율적 포지셔닝과 레버리지 원리를 활용하여 상대의 움직임을 제어합니다. 체격과 힘의 차이를 기술로 극복할 수 있다는 점이 특징이며, 스파링을 통해 실전적 감각과 기술 완성도를 높입니다.

- 주짓수가 여성 · 아동에게 유익한 이유는 무엇인가요? [2025년]

[예시 답안] 주짓수는 힘보다 기술과 전략이 중심이므로 여성에게 효과적인 호신술로 기능합니다. 아동은 안전한 지도 환경 속에서 신체 인지 능력과 집중력을 강화하며 자기통제력을 습득할 수 있습니다.

- 유산소 · 무산소 운동과 주짓수에서의 활용에 대해 설명하세요. [2024년]

[예시 답안] 유산소 운동은 심폐지구력을 향상시켜 장시간 경기 수행과 빠른 회복에 기여합니다. 무산소 운동은 순간적인 근력 발휘, 포지션 유지, 상대 제압 등 실전 기술 구현에 필요한 근력을 강화합니다.

- 주짓수(Jiu-Jitsu)의 역사에 대해 설명하세요. [2024년]

[예시 답안] 주짓수는 일본 유술을 기반으로 브라질에서 체계적으로 발전한 현대 격투기 종목으로, 기술 중심의 제압과 호신을 목표로 하며 스포츠로 세계적으로 확산되었습니다.

- 주짓수를 하기 전에 필요한 준비운동 세 가지를 말하고, 그중 한 가지에 대해 자세히 설명하세요. [2023년, 2022년]

[예시 답안] 대표적 준비운동에는 관절 가동성 운동, 가벼운 유산소, 코어 활성화가 있습니다. 예를 들어 관절 가동성 운동은 어깨, 고관절, 척추 등의 움직임 범위를 확보하여 부상을 예방하고 기술 수행의 효율성을 높입니다.

- 주짓수 지도자의 핵심 역량 세 가지를 설명하세요. [2023년, 2022년]

  [예시 답안] 전문적 기술 지도 능력, 안전 및 위험 관리 능력, 수련생의 동기·심리를 이해하는 교육적 역량이 핵심입니다.

- 생활체육인에게 주짓수가 주는 효과에 대해 설명하세요. [2023년, 2022년]

  [예시 답안] 신체 건강 증진, 스트레스 해소, 사회적 관계 형성, 자기통제력·자신감 향상 등 전인적 삶의 질 향상에 기여합니다.

- 주짓수 승급 기준에 대해 설명하세요. [2023년, 2022년]

  [예시 답안] 승급은 기술 숙련도, 실전 적용 능력, 성실한 훈련 참여도, 인성과 도장 내 태도 등을 종합적으로 평가해 결정됩니다.

- 라소가드를 사용하는 상대의 대처 방법에 대해 설명하세요. [2024년]

  [예시 답안] 상대가 라소를 확보하기 전에 손목을 통제하여 그립 형성을 차단합니다. 이미 라소가 형성된 경우 손목 각도 조절, 스탠딩 전환, 레그드래그를 활용해 가드를 약화시키고 패스를 시도합니다.

- 베림보로를 사용하는 상대의 대처 방법에 대해 설명하세요. [2024년]

  [예시 답안] 낮은 자세로 균형을 유지하며 상대의 힙을 통제해 회전 진입을 방지합니다. 다리를 들어 올려 레그드래그를 시도함으로써 백테이크 상황을 예방합니다.

- 초크로 인한 기절 기전과 부작용에 대해 설명하세요. [2024년]

  [예시 답안] 초크는 경동맥 압박으로 뇌 혈류를 감소시켜 의식 상실을 유발합니다. 반복 시 경동맥 손상·혈전 형성 등의 위험이 있으며, 단기적으로 혼란·통증·음성 변화 등이 나타날 수 있습니다.

- 60대 수련자를 지도하는 방법에 대해 설명하세요. [2024년]

  [예시 답안] 고령층은 신체 상태를 면밀히 고려하여 안전을 최우선으로 지도합니다. 기본기 중심의 저강도 훈련에서 시작해 점진적으로 난이도를 조절하며, 긍정적 피드백을 통해 지속 동기를 강화합니다.

- 초등학생을 지도하는 방법에 대해 설명하세요. [2024년]

  [예시 답안] 아동에게는 안전 중심의 기초기술 교육이 필수이며, 연령·발달 수준에 맞춘 프로그램을 제공합니다. 게임형 활동을 포함하여 흥미를 높이고, 작은 성과도 인정해 자신감을 높입니다.

- 자신감이 부족한 수련생의 지도 전략에 대해 설명하세요. [2025년]

  [예시 답안] 개인 수준에 맞는 현실적 목표를 제시하며, 작은 성취도 구체적으로 칭찬합니다. 실패를 학습 기회로 인식하도록 돕고, 긍정적 상호작용 환경을 조성해 자신감을 회복시킵니다.

- 체력 수준이 낮은 수련생 지도 방법에 대해 설명하세요. [2025년]

  [예시 답안] 부상 예방을 우선하며 훈련 강도와 양을 점진적으로 조절합니다. 체력 부담이 적은 기술을 중심으로 지도하고 휴식 시간을 충분히 제공해 긍정적 경험을 유도합니다.

- 비만 수련생 지도 방법에 대해 설명하세요. [2025년]

  [예시 답안] 저충격 유산소와 기본기 중심의 운동을 우선 적용하며, 피로와 관절 부담을 최소화합니다. 긍정적 마인드 강화와 꾸준한 참여 유도를 통해 건강한 습관 형성을 돕습니다.

- 슬럼프·권태기를 겪는 회원의 지도 방법에 대해 설명하세요. [2024년]

  [예시 답안] 정확한 원인을 파악한 뒤 목표를 재설정합니다. 단기 성취 경험을 제공하고, 훈련 방식의 변화를 통해 흥미를 회복하도록 돕습니다.

- 초보자 지도와 숙련자 지도의 차이점에 대해 설명하세요. [2023년, 2022년]

  [예시 답안] 초보자는 기초기·안전 교육을 중심으로, 숙련자는 기술 세부 조정·전술적 이해·경기 전략 발전을 중심으로 지도합니다.

- 스파링 과열 시 지도 방법에 대해 설명하세요. [2023년, 2022년]

  [예시 답안] 즉시 개입하여 상황을 안정시키고, 규칙과 안전 수칙을 재확인

시키며, 수련 목적에 부합하는 적정 강도를 유지하도록 지도합니다.

- 남녀 스파링 시 주의점에 대해 설명하세요. [2023년, 2022년]

  [예시 답안] 신체 차이를 고려해 안전을 최우선으로 하고, 불필요한 신체 접촉을 방지하며, 상호 존중을 기반으로 한 훈련 환경을 조성합니다.

- 격렬한 스파링과 부드러운 스파링의 장단점에 대해 설명하세요. [2023년, 2022년]

  [예시 답안] 격렬한 스파링은 실전 대응력 향상에 유리하나 부상 위험이 있습니다. 부드러운 스파링은 기술 이해와 창의적 움직임에 유익하나 압박 상황 대응력이 제한될 수 있습니다. 두 방식은 상호보완적으로 필요합니다.

- 초보자 스파링 주의사항에 대해 설명하세요. [2023년, 2022년]

  [예시 답안] 기본기 숙지, 힘 조절, 부상 예방을 우선하며, 지도자의 지시에 따라 안전한 강도에서 경험을 축적해야 합니다.

- 바람직한 수련 및 대련 파트너에 대해 설명하세요. [2023년, 2022년]

  [예시 답안] 상호 존중을 기반으로 안전을 최우선하며, 기술 발전을 상호 지원하고 긍정적 수련 분위기를 형성하는 파트너가 이상적입니다.

- 도장에서 숙련자의 역할에 대해 설명하세요. [2023년, 2022년]

  [예시 답안] 숙련자는 초보자의 안전 확보, 기본기 지도, 도장 문화 형성에 중요한 책임을 지며 모범적 태도를 실천해야 합니다.

- 수련생의 불성실한 출결 및 태도 개선 지도 방법에 대해 설명하세요. [2025년]

  [예시 답안] 개별 면담을 통해 원인을 파악하고 동기를 재설정합니다. 명확한 규칙 안내, 책임감 부여, 긍정적 마인드 강화 전략을 통해 지속적인 변화를 유도합니다.

- 수련생 학부모와의 갈등 해결 방법에 대해 설명하세요. [2025년]

  [예시 답안] 학부모의 의견을 먼저 경청해 신뢰를 구축한 뒤, 자신의 입장을 정중하고 명확하게 설명하여 오해를 해소합니다. 필요시 도장의 규정과

운영 원리를 근거로 제시합니다.

- 체육관 내 회원 간 갈등 발생 시 지도자의 역할에 대해 설명하세요. [2025년]

  [예시 답안] 지도자는 즉각 개입하여 상황이 악화되지 않도록 하고, 당사자들의 의견을 경청해 문제의 본질을 파악합니다. 객관적 중재를 통해 합의를 유도하며 규칙을 상기시켜 안정된 환경을 복원합니다.

- 스포츠 지도자의 사회적 역할과 윤리적 책임에 대해 설명하세요. [2025년]

  [예시 답안] 지도자는 공정성 · 존중 · 정직의 가치 실천을 통해 수련생의 인성을 형성하는 주요 영향자로서 기능합니다. 또한 신체적 · 정신적 안전을 보장하고 건강한 스포츠 환경을 조성할 윤리적 책임을 집니다.

- 스포츠 인권의 개념과 중요성에 대해 설명하세요. [2025년]

  [예시 답안] 스포츠 인권은 모든 참여자가 차별 · 폭력 없이 안전하게 스포츠에 참여할 권리를 의미합니다. 이는 공정성 · 존중 · 화합이라는 스포츠의 본질적 가치를 유지하는 기반이며 참여자의 건강하고 지속적인 활동을 보장합니다.

- 지도자의 모범이 수련생에게 미치는 영향에 대해 설명하세요. [2025년]

  [예시 답안] 지도자의 언행은 수련생에게 직접적 모델로 작용합니다. 지도자의 올바른 태도를 통해 수련생은 바람직한 인성을 자연스럽게 학습합니다.

- 근육경련의 원인 · 대처 · 예방에 대해 설명하세요. [2025년]

  [예시 답안] 경련은 수분 · 전해질 불균형, 근육 피로, 혈액순환 저하 등으로 인해 발생합니다. 즉각적인 스트레칭 · 마사지와 수분 보충이 필요하며, 충분한 휴식을 취해야 합니다.

- 탈수의 원인과 예방에 대해 설명하세요. [2025년]

  [예시 답안] 탈수는 과도한 발한, 수분 섭취 부족, 질병 등이 원인입니다.

규칙적 수분 섭취, 전해질 보충, 고온 환경에서의 무리한 운동 자제가 예방에 중요합니다.

- 급속 감량 후 회복 방법에 대해 설명하세요. [2025년]

[예시 답안] 영양 밀도가 높은 단백질 · 지방 · 복합탄수화물 식품을 점진적으로 섭취하고, 수분 · 비타민 · 미네랄을 충분히 보충합니다. 폭식을 피하고 휴식과 수면을 통해 신체 회복을 도모합니다.

- 도핑에 대해 설명하세요. [2024년]

[예시 답안] 도핑은 경기력 향상을 목적으로 약물 · 물질을 인위적으로 사용하여 신체 능력을 조작하는 행위로, 건강 위험과 공정성 훼손을 초래합니다. 이를 방지하기 위한 교육과 규제 준수가 필수입니다.

- 흡연이 운동에 미치는 영향에 대해 설명하세요. [2024년]

[예시 답안] 흡연은 폐 기능 · 산소 운반 능력을 저하시키며 피로를 증가시키고 회복을 방해합니다. 심혈관계에 부정적 영향을 미쳐 지구력과 운동능력을 떨어뜨립니다.

- 음주가 운동에 미치는 영향에 대해 설명하세요. [2024년]

[예시 답안] 음주는 단백질 합성을 저하시키고 탈수를 유발하며 회복을 방해합니다. 집중력 저하와 부상 위험 증가로 운동 수행력 전반을 감소시킵니다.

- 서킷 트레이닝의 개념과 장점에 대해 설명하세요. [2024년]

[예시 답안] 서킷 트레이닝은 다양한 운동을 연속적으로 수행하는 방식으로, 심폐 지구력 · 근력 · 근지구력 · 민첩성을 동시에 향상시켜 주짓수 경기력에도 효과적입니다.

- 인터벌 트레이닝의 개념과 장점에 대해 설명하세요. [2024년]

[예시 답안] 인터벌 트레이닝은 고강도-저강도 운동을 반복하는 방식으로, 짧은 시간에 높은 훈련 효과를 얻을 수 있으며 심폐 기능과 지구력 향상에 뛰어납니다.

- 회전낙법에 대해 설명하세요. [2023년, 2022년]

  [예시 답안] 회전낙법은 몸을 회전시키며 충격을 분산해 넘어지는 기술로, 부상을 예방하고 실전 기술 수행의 연속성을 유지하는 데 필수적입니다.

- 준비운동의 필요성에 대해 설명하세요. [2023년, 2022년]

  [예시 답안] 준비운동은 혈류 증가, 관절 가동성 향상, 신경근 활성화를 통해 부상을 예방하고 기술 수행 능력을 최적화합니다.

IV

주짓수 공인 자격증

1. 주짓수 공인사범
2. 주짓수 공인심판

SPORTS JIU-JITSU

Ⅳ 주짓수 공인 자격증

주짓수 공인 자격증에는 앞서 언급한 생활스포츠지도사 자격증과 전문스포츠지도사 자격증 외에도, '주짓수 사범' 자격증과 '주짓수 심판' 자격증이 있습니다. 이들은 문화체육관광부의 승인을 받은 민간자격증으로, 2019년 도입 이래 한국직업능력개발원이 주관하고 대한주짓수회가 관할·운영합니다. 매년 정기적인 강습회 운영과 이를 통한 자격 갱신 절차가 이루어지고 있으며, 자격 취득자는 대한체육회 체육정보시스템과 대한주짓수회 홈페이지에 등록됩니다.

1 주짓수 공인사범

'주짓수 사범'은 주짓수 교습소를 운영하거나 해당 시설에서 유급 또는 무급으로 주짓수를 지도하는 자를 의미합니다. '주짓수 공인사범'은 대한주짓수회 가맹도장에 소속된 주짓수 사범으로서, 강습회에 참여하고 필기시험에 합격하여 공식 자격을 부여받은 자를 지칭합니다. 강습회는 통상적으로 참가 신청, 교육, 평가의 전 과정이 온라인으로 진행되며, 정기강습회와 추가강습회로 구분하여 운영됩니다.

공인사범 자격은 <다음>에 제시된 바와 같이 1급부터 4급까지 단계적으로 구분됩니다. 각 유효기간은 1년이며, 취득자는 매년 보수교육을 이수함으로써 자격을 갱신하여야 합니다. 해당 지도자는 대한주짓수회가 주최·주관하는 대회에 코치(세컨드)로 참여할 수 있으며, 지도 중인 선수를 전국체육대회, 국가대표 선발전, 시·도 대표 선발전 등에 참가하는 전문선수로 등록할 수 있고, 수련생을 공인 승품·단 심사의 대상자로 신청할 수 있습니다. 시험응시를 위해서는 도장 가맹비, 연회비 및 강습회비를 납부해야 합니다.

〈1급 사범〉

- 검정기준: 주짓수 교육자 또는 행정 책임자로서의 역량을 갖춘 최고 수준의 전문가
- 직무내용: ▲주짓수 교습시설을 운영하거나 이에 고용되어 고도의 주짓수 이론 및 실기 교육을 담당. ▲대한주짓수회의 추천을 받아 학교 또는 실업팀에서 지도자로 활동
- 응시자격: 블랙벨트 이상으로, 최소 7년 6개월 이상의 수련 경력을 갖춘 본회 회원

〈2급 사범〉

- 검정기준: 주짓수 교육자 또는 행정 책임자로서의 능력을 갖춘 고급 전문가 수준
- 직무 내용: ▲주짓수 교습시설을 운영하거나 이에 고용되어 준전문 수준의 이론 및 실기 교육을 수행. ▲대한주짓수회 시·도지회의 추천을 받아 학교 팀에서 코치로 활동
- 응시 자격: 브라운벨트 이상으로, 최소 5년 6개월 이상의 수련 경력을 갖춘 본회 회원

〈3급 사범〉

- 검정 기준: 주짓수 활용 능력이 상급 단계에 도달하고, 교육 또는 행정 수행을 위한 기본 역량을 갖춘 수준

- 직무 내용: ▲주짓수 교습시설을 운영하거나 이에 고용되어 상급 수준의 이론 및 실기를 지도. ▲대한주짓수회 시 · 도지회의 추천을 받아 학교 팀에서 트레이너로 활동
- 응시 자격: 퍼플벨트 이상으로, 최소 3년 6개월 이상의 수련 경력을 갖춘 본회 회원

〈4급 사범〉

- 검정 기준: 주짓수 활용 능력이 중급 단계에 도달하고, 초급자를 대상으로 제한된 범위의 교육 또는 행정 업무를 수행할 수 있는 수준
- 직무 내용: 주짓수 교습시설에 고용되어 기초적인 주짓수 이론 및 실기 교육을 담당
- 응시 자격: 블루벨트 이상으로, 최소 1년 6개월 이상의 수련 경력을 갖춘 본회 회원

주짓수 공인사범 자격 검정은 다음의 절차로 구성됩니다: ▲검정 시행 계획 수립, ▲검정안내서 작성 및 배포(시험 일정 및 장소, 응시 자격, 제출서류, 검정 방법, 시험과목 및 출제기준, 수험자 유의 사항), ▲시험위원 위촉 및 운영(책임관리위원[1], 시험감독위원[2], 시설관리위원, 출제위원, 채점위원, 감수위원, 보조위원), ▲시험문제 출제 · 관리(인쇄, 감수, 보관, 운반, 답안지 채점), ▲원서 교부 및 접수, ▲시험 시행 및 시험장 관리(시험실 배치, 좌석 배치, 수험자 명단 관리, 부정행위자 처리), ▲합격자 선정 및 관리, ▲자격증 발급 및 관리, ▲검정사업 회계 운영(수당 지급, 검정

1) 역할: 시험 시행 및 관리업무 총괄(시험장의 시설 및 장비 관리, 시험위원회의 및 평가회의 주관, 전체 시험위원의 근무상태 점검)

2) 수험자의 본인 여부 확인, 시험장 질서유지, 수험자 교육(시험시간, 유의 사항, 시험 진행 요령 및 답안지 작성 방법), 부정행위 적발 및 처벌, 문제지 배부, 답안지 회수 및 채점

수수료 수납 및 정산). 합격자는 검정 종료 후 30일 이내에 공고됩니다. 답안지 및 채점 관련 자료는 최종합격자 발표일로부터 6개월간 보관되나 외부 공개는 제한됩니다.

강습회는 오전 9시부터 오후 4시까지 진행되며, 점심시간 1시간을 제외하고 '50분 강의-10분 휴식' 방식으로 운영됩니다. 교육은 <다음>의 과목들로 구성되고, 각 과목은 해당 분야의 전문 강사가 담당합니다. 강습회 종료 후 실시되는 필기시험은 객관식, 단답식, 주관식 문항을 혼합하여 출제되며, 평균 점수에 따라 자격등급이 부여됩니다. 평균 80점 이상은 1급, 70점 이상은 2급, 60점 이상은 3급, 50점 이상은 4급으로 판정됩니다. 다만, 특정 과목에서 40점 미만을 획득할 경우 불합격 처리되며, 온라인 강의 접속 시간이 4시간 미만일 경우 시험 응시 자격이 제한됩니다. 불합격자는 규정에 따라 재시험에 응시할 수 있습니다.

- 주짓수 경기규칙, 룰 해석, 기본 기술 체계, 주짓수 역사 및 상식
- 트레이닝 방법론, 지도 현장에서 발생할 수 있는 상해의 예방과 응급처치, 스포츠 테이핑의 이론과 실제, 피로 누적 관리, 부상 예방 및 회복 전략, 경기 및 훈련 과정에서의 포기 현상에 대한 심리적·생리적 원인 분석과 대응 방안
- 무도인의 인성 함양을 위한 교육, 지도자의 책무와 역할에 대한 이해, 성폭력 예방 및 윤리 교육
- 공인품단 심사 규정, 멤버십 시스템 이용 및 품·단 발급 절차, 전국체육대회 참가 자격 기준, 지도자 및 선수의 온라인 등록 절차, 대회 운영을 위한 정보기술 시스템, 주짓수 체육관 성인 회원 관리, 학부모 상담 기법, 유소년(키즈) 주짓수 도장 운영 및 경영 전략
- 도핑 방지 교육 및 스포츠 인권 교육(대한체육회 주관 필수 교육과정)

2 주짓수 공인심판

주짓수 공인심판 자격제도는 대한체육회 정관, 대한체육회 심판위원회 규정, 대한주짓수회 정관, 대한주짓수회 심판위원회 규정을 근간으로 운영됩니다. 본 제도의 교육 및 평가는 대한주짓수회 심판위원회가 주관합니다. 심판위원회는 심판이 경기규칙에 근거하여 공정하게 직무를 수행할 수 있도록 심판의 독립성, 자율성, 의무 및 책임에 관한 사항을 관리함으로써 경기 운영의 공정성과 신뢰성을 제고하는 역할을 수행합니다.

심판 강습회는 정기강습회와 보수교육강습회로 구분되어 운영됩니다. 정기강습회는 매년 수도권, 중부권, 남부권에서 각 1회씩 총 3회 개최되며, 8시간의 대면 교육 방식으로 진행됩니다. 참가자는 연고지와 무관하게 원하는 권역의 강습회에 참여할 수 있습니다. 보수교육강습회는 연 1~2회 온라인 방식으로 실시되며, 회당 교육 시간은 3시간으로 구성됩니다. 보수교육은 심판 자격을 취득한 모든 심판이 자격 유지 및 직무 역량 강화를 위해 매년 의무적으로 이수해야 하는 과정입니다. 각 강습회 종료 직후에는 해당 교육에 대한 평가 시험이 시행됩니다.

본 강습회는 개정된 경기규칙과 현장에서 빈번하게 발생하는 판정 오류 사례를 우선적으로 다루고, 이후 다음의 주제에 대해 선별적으로 교육합니다. ▲스포츠 윤리(우수한 심판의 자질, 경기 참여 태도), ▲심판 이론과 실제(경기규칙의 적용과 해석), ▲심판의 직무 역량(경기위기관리 능력, 비대면 스포츠 환경에서의 심판 역할), ▲심판 직무 성찰, ▲심판 사례연구(주제별 토론, 판정사례 공유), ▲심판의 미래와 혁신(과학기술 발전에 따른 심판 환경 변화), ▲스포츠 심리(판정의 심리학, 스트레스 관리, 심판 상담), ▲스포츠 안전(안전의식, 응급상황 대응, 사고 예방), ▲스포츠 인권(공정한 경기 운영과 상호 존중), ▲스포츠 법 및 소송 등.

심판 자격 취득을 위해서는 필기시험과 실기시험에 합격하여야 하며, 두 시험 중 하나만 합격한 경우에는 바로 다음 회차에 시행되는 동일 시험에 한하여 해당 시험이 면제됩니다. 최종합격자는 시험 종료일로부터 30일 이내에 공고됩니다. 심판 자격은 <다음>과 같이 1급부터 3급까지의 등급 체계로 구분됩니다. 선수로 등록된 자는 심판 시험에 응시할 수 없습니다. 국내 1급 심판 중 심판위원회의 승인을 받은 자는 국제심판에 응시할 수 있습니다.

〈1급 심판〉

- 직무범위: 대한주짓수회 및 산하 협회가 주관하는 각종 대회에서 심판 직무 수행
- 검정기준: 국내 · 외 심판 규정에 대한 이론적 이해와 실기 능력을 종합적으로 갖추고 심판업무를 전문적으로 수행할 수 있는 최고 수준
- 필기시험: 50문항, 5지선다형 객관식, 100점 만점 중 80점 이상 합격
- 실기시험: 100점 만점 중 80점 이상 합격
- 응시자격: 2급 심판 자격 취득 후 2년 이상 경과하고 5회 이상 활동한 자, 심판강습 및 보수교육 이수자, 브라운벨트 이상 소지자, 만 23세 이상, 감염병 등 직무 수행에 지장이 되는 질환이 없는 자, 해외여행에 결격사유가 없는 자
- 심판수당: 1일 8시간 기준 200,000원, 초과 근무 시 시간당 25,000원

〈2급 심판〉

- 직무범위: 대한주짓수회 산하 전국 17개 시 · 도 협회 및 그 산하 단체가 주관하는 대회에서 심판 직무 수행

- 검정기준: 국내 심판 규정에 대한 충분한 이론 지식과 실기 능력을 갖추고 심판업무를 전문적으로 수행할 수 있는 고급 수준
- 필기시험: 50문항, 5지선다형 객관식, 100점 만점 중 70점 이상 합격
- 실기시험: 100점 만점 중 70점 이상 합격
- 응시자격: 3급 심판 자격 취득 후 2년 이상 경과하고 5회 이상 활동한 자, 심판강습 및 보수교육 이수자, 퍼플벨트 이상 소지자, 만 21세 이상, 감염병 등 직무 수행에 지장이 되는 질환이 없는 자, 해외여행에 결격사유가 없는 자
- 심판수당: 1일 8시간 기준 150,000원, 초과 근무 시 시간당 20,000원

〈3급 심판〉

- 직무범위: 대한주짓수회 산하 전국 228개 시 · 군 · 구 협회가 주관하는 대회에서 심판 직무 수행
- 검정기준: 국내 심판 규정에 대한 기초 이론 지식과 기본적인 실기 능력을 갖추어 기본적인 심판 업무를 수행할 수 있는 수준 (단, 1급 심판의 지도하에 실습 심판 3회를 이수한 후 정식 매트심판으로 인정됨)
- 필기시험: 50문항, 5지선다형 객관식, 100점 만점 중 60점 이상 합격
- 실기시험: 100점 만점 중 60점 이상 합격
- 응시자격: 블루벨트 이상 소지자, 대한민국 국적 보유자, 만 20세 이상, 대한주짓수회 가맹 체육관의 지도자 또는 회원, 감염병 등 직무 수행에 지장이 되는 질환이 없는 자, 해외여행에 결격사유가 없는 자
- 심판수당: 1일 8시간 기준 100,000원, 초과 근무 시 시간당 15,000원

V

주짓수 공인사범 자격시험 기출문제

SPORTS JIU-JITSU

V 주짓수 공인사범 자격시험 기출문제

주짓수 공인사범 교육과정은 정기강습회와 추가강습회로 구분되어 운영됩니다. 지도자 자격은 1급부터 4급까지 단계적으로 부여되나, 급수는 시험의 성적으로 구분될 뿐 시험문제는 동일합니다. 본 검정제도가 시행된 2019년부터 2025년까지의 기출문제를 '경기 및 심판 규정'과 나머지(트레이닝론, 지도자 소양, 주짓수 상식) 카테고리로 재구성하여 제시합니다.

〈경기 및 심판 규정 기출문제〉

- 세이프티 구역과 장외에 대한 설명으로 틀린 것은 무엇인가요? (5)
  ① 세이프티 구역 밖에서 성공한 기술들은 포인트는 물론 어드밴티지도 없다.
  ② 세이프티 구역에 걸쳐서 안정된 자세일 때는 경기를 중지하고 중앙으로 이동하여 같은 자세로 재개한다.
  ③ 세이프티 구역 쪽에서 스윕, 테이크다운, 가드패스 등 스코어링이 막 이뤄질 것 같은 공방 중일 경우에는 계속 지켜보다가 그 상황이 정지되었을 때 중앙으로 이동하여 같은 자세로 경기를 재개한다.
  ④ 세이프티 라인에 떨어진 후 장외로 튕겨 나간 경우 기술 시도자에게 어드밴티지를 주고 중앙에서 스탠딩으로 재개한다.
  ⑤ 기술이 성공하였지만 3초 유지 전에 방어자의 합당한 탈출로 인하여 장외가 된 경우 탈출한 선수에게 페널티를 주고, 기술 시도자에게 어드밴티지를 부여하고, 중앙에서 스탠딩으로 재개한다.

- 뉴트럴 포지션(무릎 자세)에 대한 설명 중 틀린 것은 무엇인가요? (3)
  ① 한쪽 무릎이라도 꿇게 되면 스탠딩이나 가드가 아니다.
  ② 한쪽 무릎이라도 꿇고 딜레이가 있은 후에 상대를 넘긴 경우 너씽(nothing)이다.
  ③ 스탠딩 또는 가드에서 무릎을 꿇으며 잡았던 그립이 유지된다 해도 딜레이 후에 넘기면 너씽(nothing)이다.
  ④ 무릎을 꿇으며 잡았던 그립이 뜯기고 딜레이가 있은 후에 다시 시도한 공격은 너씽(nothing)이다.
  ⑤ 스탠딩이나 가드에서 상대를 터틀 포지션으로 만들어 어깨 라인 뒤에서 컨트롤하면 포인트가 된다.

- 스파이더가드와 라소가드에서의 포인트에 관한 설명 중 틀린 것은 무엇인가요? (5)
  ① 스파이더가드에서 패스를 하여 사이드에 도착했다고 해도 가드의 무릎이 뻗어져 있다면 패스 포인트가 아니다.
  ② 스파이더가드 중인 상대의 무릎이 굽혀지게 컨트롤하면 포인트를 받는다.
  ③ 라소가드인 경우는 이미 무릎이 굽혀있어 컨트롤 된 것으로 인정돼 포인트가 된다.
  ④ 스파이더가드인 경우 성공적으로 패스해도 무릎이 뻗어져 있고 그립이 유지된 상태이면 아직 가드인 상황으로 판단한다.
  ⑤ 스파이더가드나 라소가드 외에 기타 다른 상황에서 가드로부터 그립이 유지된 경우 역시 같은 룰을 적용한다.

- 라펠이나 벨트로 상대를 컨트롤하는 50/50 가드 상황에서 다음 중 틀린 설명은 무엇인가요? (5)
  ① 상대나 자신의 라펠이나 벨트를 상대 다리에 감아 컨트롤하는 경우

20초 카운트가 즉시 시작되고 20초 후에는 스톨링 페널티가 주어진다.

② 이미 카운트가 시작되었다면 스윕을 하거나 다른 가드로 가지 않으면 잡았던 그립을 놓아도 20초 후 페널티를 받게 된다.

③ 가드에서 잡았던 그립으로 인하여 20초 카운트가 시작되었다면 더블가드가 되어도 카운트는 계속되고 20초 페널티를 받게 된다.

④ 시작과 끝이 50/50 가드인 경우에는 스윕으로 인한 어드밴티지가 없다.

⑤ 스윕 후 탑에서 가드로부터 컨트롤하던 그립을 계속 잡고 있다면 가드로부터 시작된 카운팅은 계속 유지하며 20초 후 스톨링 페널티를 받게 된다. 그 후에 계속 잡고 있어도 더 이상 카운트하지 않는다.

- 반칙 그립으로 공격하거나 탈출할 경우 심판의 조치로 옳지 않은 것은 무엇인가요? (4)

① 서브미션 상황에서 방어자가 반칙 그립을 사용하는 경우 실격 조치한다.

② 서브미션 상황에서 공격자가 반칙 그립을 잡았다면 경기 중지 후, 페널티 부과 후, 스탠딩으로 재개한다.

③ 반칙 그립을 단순히 잡고 있는 경우 심판은 잡은 그립을 풀게 하고 그립에 대한 페널티는 주지 않는다.

④ 반칙 그립을 사용하여 스윕이나 가드패스에 성공한 경우 페널티를 받고 기술이 성공했던 자세로 재개한다.

⑤ 노기에서는 상대 옷이나 자신의 옷을 잡으면 반칙이다.

- JJIF 대회에 관한 설명 중 올바르지 않은 것은 무엇인가요? (5)

① 경기가 동점으로 끝나는 경우 골든스코어로 연장전을 하며 시간은

무제한이다. 서브미션, 포인트, 어드밴티지, 페널티가 발생하면 즉시 경기는 종료된다.

② 판정에 대한 챌린지는 선수당 1회 가능하다. 만약 챌린지가 인정된 경우 챌린지는 계속 남아 있다. 챌린지가 거부된 경우 더 이상의 챌린지는 없지만, 메달 결정전에서 다시 주어진다.

③ 경기중에 의료/도복에 관한 것을 제외하고는 어떠한 대화도 누구와도 나눌 수 없다.

④ 스트레이트 풋락에서 공격하지 않는 다리 쪽으로 회전 가능하며 공격하기는 U18부터 가능하다.

⑤ 경기 중 선수가 초크에 의해서 기절하는 경우 해당 경기를 제외한 나머지 경기는 출전이 가능하다. 머리 충격에 의해 기절하는 경우 나머지 경기를 할 수 없고 의료 처리를 받아야 한다.

- 다음 중 테이크다운과 스윕에서 3초룰에 대한 설명으로 틀린 것은 무엇인가요? (4)

① 가드로부터 스윕을 시도하며 일어난 선수를 (그립은 유지 상태) 3초가 지나기 전에 바닥으로 넘긴 경우 스윕 디펜스로 다시 가드로 돌려보낸 것이기 때문에 포인트는 물론 어드밴티지도 받을 수 없다.

② 가드로부터 스윕을 시도하며 일어난 선수를 3초가 지난 후에 바닥으로 넘긴 경우, 3초가 지나면 스탠딩으로 본다는 룰에 의하여 스탠딩에서 넘긴 것으로 인정되어 테이크다운 포인트가 된다.

③ 하프가드에서 스윕을 시도하며 일어난 선수를 3초가 되기 전에 넘겨 사이드가 된 경우 가드패스 3점 포인트가 된다.

④ 사이드컨트롤에서 이스케이프하며 상대의 다리를 잡고 일어나 (그립은 유지 상태) 3초가 지난 후 바닥으로 넘긴 경우 포인트를 받는다.

⑤ 가드로부터 스윕을 시도하며 일어난 선수의 그립이 뜯어진 경우에는 3초가 지나기 전에 상대를 넘겨도 테이크다운 포인트가 된다.

- JJIF 대회에 관한 설명 중 올바르지 않은 것은 무엇인가요? (4)
  ① U16 경기에서는 선수들이 금지 기술을 시도했을 경우 심판은 해당 행위를 제지하되 실격 처리를 하거나 페널티를 주지는 않는다. 만약 금지 기술로 인하여 상대가 탭을 친 경우에는 금지 기술을 사용한 선수를 실격 처리한다.
  ② 판정에 대한 이의 제기는 선수당 1회만 가능하다. 만약 이의 제기가 인정되는 경우 챌린지 기회는 계속 남아 있다. 이의 제기가 기각된 경우 더 이상의 챌린지 기회가 없지만, 메달 결정전에서는 챌린지 기회가 다시 한번 주어진다.
  ③ 심판이 금지 기술인 줄 착각하고 실격시켰을 경우 다시 선수들을 불러들인 후, 만약 탭을 치기 전이라면 2점을 준 후 중앙에서 스탠딩으로 재개하고, 이미 탭을 친 경우에는 해당 선수를 승자로 하고 경기를 종료한다.
  ④ 선수가 다쳤을 경우 의료 처치 시간은 5분이며 이를 초과했을 경우 경기에서 패하게 된다.
  ⑤ 경기 중 선수가 초크 또는 머리 충격에 의해 기절하는 경우 더는 경기를 진행할 수 없고 의료 처리를 받아야 한다.

- 테이크다운에 대한 설명 중 틀린 것은 무엇인가요? (2)
  ① 다리나 바지를 잡혔을 때 다리를 잡힌 선수가 가드로 내려가면 테이크다운 포인트가 된다.
  ② 싱글렉 또는 더블렉을 잡혔지만 먼저 누우며 곧바로 뒤집어 탑을 차지하면 카운트하며 상위를 차지한 선수는 2포인트, 먼저 다리를 잡은 선수는 어드밴티지를 받는다.
  ③ 테이크다운을 당하고 사이드에서 바로 뒤집은 경우 테이크다운 시도자는 어드밴티지를 받고 뒤집은 선수는 탈출이기 때문에 아무것도 없다.

④ 풀가드 시도 후에 테이크다운을 시도했다면 테이크다운 포인트는 물론 어드밴티지도 없다.

⑤ 테이크다운 시도 후에 풀가드로 갔다면 테이크다운 포인트가 된다.

- 세컨의 올바른 자세와 챌린지 방법에 대한 설명 중 틀린 것은 무엇인가요? (1)

  ① 세컨은 지정된 의자에 앉아서 코치해야 한다. 일어나는 경우 심판에게 경고를 받고, 경고 후에도 심판의 지시를 따르지 않으면 퇴장 처리된다. 세컨은 모자를 쓸 수 있고, 사진이나 동영상 촬영이 가능하다.

  ② 심판의 의견과 다를 경우 일어나 팔을 들어 챌린지 요청을 할 수 있으며 챌린지는 선수당 1회 가능하다. 만약 챌린지가 인정되면 챌린지 기회는 계속 남아 있다. 챌린지가 거부되면 더 이상의 기회가 없지만, 메달 결정전에서는 새로 챌린지 기회가 주어진다.

  ③ 서브미션의 리얼데인저 여부, 스톨링 페널티에 대한 사항, 오래전에 일어난 사항, 챌린지 검토를 마친 동일한 사항에 대해서는 챌린지를 할 수 없다.

  ④ 챌린지에 대한 승인 여부는 매트심판이 수신호로 통보하며 이때 내려진 결정은 최종이다. 동일 건으로 계속해 이의를 제기하는 경우 징계가 내려질 수 있다.

  ⑤ 아무리 오심이더라도 승자 선언 후 판정 번복은 불가능하다. 그러나 심판이 승자 선언을 반대로 했을 경우, 포인트를 반대로 올린 경우, 정당한 기술을 금지 서브미션으로 잘못 알고 실격을 준 경우에는 번복이 가능하다.

- 가드패스 시 올포자세에 대한 설명으로 틀린 것은 무엇인가요? (3)

  ① 탑에 있는 선수가 가드에 있는 상대를 뒤집어 터틀을 만들었을 경우 힙 컨트롤을 해야 어드밴티지를 받는다.

  ② 가드에 있는 선수가 스스로 롤백하여 터틀로 갔을 경우 힙컨트롤을 해야 어드밴티지를 받는다.

  ③ 탑에 있는 선수가 가드에 있는 상대를 뒤집어 터틀을 만들었을 경우 앞쪽에서 컨트롤 해도 어드밴티지를 받는다.

  ④ 탑이 상대를 터틀 포지션으로 만들었을 때 가드가 롤백한 경우 앞쪽에서 딜레이가 있은 후 힙 컨트롤하면 어드밴티지를 받을 수 없다.

  ⑤ 탑이 가드를 압박하며 패스 시도 시에 가드가 터틀로 이동한 경우 힙 컨트롤 필요 없이 앞쪽에서만 컨트롤 해도 어드밴티지를 받는다.

- 스탠딩에서 상대를 올포자세(터틀자세)로 만들었을 때에 대한 설명으로 틀린 것은 무엇인가요? (5)

  ① 올포자세를 만든 후에 상대의 뒤에서 3초 동안 컨트롤 해야 포인트를 받는다.

  ② 상대의 뒤쪽이 아닌 앞쪽에서만(노스사우스) 컨트롤 한 경우 포인트는 물론 어드밴티지도 없다.

  ③ 최소한 한쪽 무릎이 꿇어져야 하며 양 무릎이 떠 있는 경우에는 포인트는 물론 어드밴티지도 없다.

  ④ 올포자세나 벨리다운(백마운트) 자세를 만들었을 경우에는 스윕과 함께 백마운트 포인트도 얻는다.

  ⑤ 올포자세에서 뒤쪽이 아닌 앞쪽에서 컨트롤 해도 포인트를 받는다.

- 다음 중 다른 종류의 실격은 무엇인가요? (1)

  ① 상대 선수를 깨물거나 눈 찌르기를 했을 때

  ② 도복 경기에서 상대 선수에게 힐훅을 시도했을 때

③ 서브미션 방어자가 탈출 목적으로 슬램을 했을 때

④ 서브미션 상황에서 장외로 무작정 도망갔을 때

⑤ 도복 경기에서 상대 선수에게 무릎 비틀기를 했을 때

• 다음 중 초등부, 중등부에서 가능한 기술들로 모아진 것은 무엇인가요? (5)

① 리스트락, 허리 조르기, 아웃사이드 싱글렉

② 버기 초크, 시저스 초크, 트라이앵글 초크 머리 당기며 공격

③ 오모플라타, 바라또플라타, 고고플라타

④ 이지키엘, 길로틴 초크, 암트라이앵글 초크,

⑤ 크로스라펠 초크, 보우엔에로우 초크, 루프 초크, 베이스볼 초크, 리어네이키드 초크

• 하프가드 홀딩에 대한 설명으로 틀린 것은 무엇인가요? (4)

① 하프가드 홀딩을 했던 선수가 가드에 있던 상대에게 스윕을 당했다면 스윕한 선수는 스윕 포인트를 받고 하프가드 홀딩 했던 선수는 이에 대한 어드밴티지를 받는다.

② 하프가드 홀딩 후에 상대가 리커버리를 하면 어드밴티지를 받는다. Z가드 역시 리커버리가 된 것으로 보고 어드밴티지를 준다.

③ 하프가드 홀딩은 반드시 언더훅을 잡아 컨트롤 해야 하는 것은 아니며 자세와는 상관없이 상대를 몸으로 눌러 컨트롤하면 된다.

④ 하프가드 홀딩 어드밴티지는 잠깐 컨트롤 했다고 받는 것이 아니고 3초 이상 눌러 컨트롤 해야만 받을 수 있다.

⑤ 리버스 하프가드, 딥 하프가드, 니컷 패스 시 상대를 잡고 눌러서 컨트롤하는 경우 어드밴티지를 받는다.

• 다음 중 틀린 설명은 무엇인가요? (3)

① 그라운드에서 별다른 움직임이 없어 양 선수에게 페널티를 주고자

할 때 양 선수에게 이미 2개의 페널티가 있어 3번째 페널티를 주는 경우라면, 페널티와 2점을 각각 주고 스탠딩으로 경기를 재개한다.

② 그라운드에서 움직임이 미미해 한 선수에게 페널티를 주고자 할 때에는 경기를 중지하지 않고 해당 선수에게 제스처와 구령으로 페널티를 부여한다. 양 선수가 소극적으로 플레이를 할 경우에는 경기를 중지하고 양쪽에 페널티를 부여한다. 스탠딩에서는 한 선수이든 양 선수이든 상관 없이 경기를 중지하고 페널티를 부여한다.

③ 경기 중 선수들이 말을 하는 경우 페널티를 준다. 그러나 의료상의 문제, 도복 문제, 본인의 생각과 심판의 판정이 다른 문제에 관해서는 심판에게 말을 할 수 있다.

④ 경기에서는 서브미션을 최종 목표로 해야 하며 이미 포인트를 받은 포지션을 스스로 풀었다가 다시 취하는 경우 포인트는 물론 어드밴티지도 없다.

⑤ 포인트를 받았던 포지션에서 상대의 저항으로 인해 해당 포지션을 잃은 경우, 이를 다시 차지하면 포인트를 재차 받는다.

- 더블가드풀에 대한 설명으로 올바르지 않은 것은 무엇인가요? (4)

① 스탠딩에서 양 선수가 동시에 가드로 내려간 경우 심판은 즉시 20초 카운팅을 시작하고 이에 대한 신호로 팔을 들어 시계를 보는 제스처를 취한다.

② 더블가드풀에서 먼저 탑을 차지하는 선수에게 어드밴티지를 준다.

③ 더블가드풀이 되어 서브미션 상황과 포인트 포지션에 근접한 상황에서는 20초가 지나도 경기를 중지하지 않고 지켜보지만, 일반적인 경우 아무리 공방 중이더라도 20초가 지나면 경기를 중지하고 양 선수에게 페널티를 주고 스탠딩으로 재개한다.

④ 더블가드풀에서 서브미션 상황일 때 서브미션이 풀리고 한 선수가 바로 탑을 차지한 경우 먼저 탑을 차지한 것에 대한 어드밴티지와

서브미션에 대한 어드밴티지를 각각 받는다.

⑤ 20초가 지나도 경기를 중지하지 않고 지켜보는 경우가 있는데 이는 서브미션을 잡고 있거나 포인트 포지션에 근접했을 때이다. 이 경우 서브미션이 풀리면 그때 경기를 중지하고 양 선수에게 페널티를 주고 서브미션이 유효했다면 서브미션을 잡았던 선수에게 어드밴티지를 주고 중앙에서 스탠딩으로 재개한다.

- 다음과 같은 상황 발생 시 심판의 조치에 대한 설명으로 틀린 것은 무엇인가요? (1)

① 쥐가 나서 고통을 호소해 경기가 중단되었을 경우 의료 처치 후 같은 자세로 재개한다.

② 머리 염색, 바디 페인팅, 메이크업이 상대 선수의 도복에 묻어 오염되었을 경우 실격 처리한다.

③ 구토를 하거나 비자발적으로 대소변을 보는 경우 상대 선수를 승자로 한다.

④ 의료 처리 시간은 2분으로, 같은 상처에 출혈이 여러 번 발생해도 2분 안에만 치료하면 된다.

⑤ 경기 중 도복이 손상되거나 오염되면 정해진 시간 내에 교체해야 한다. 시간을 넘긴 경우 실격 처리한다.

- 포지션과 점수의 연결이 올바른 것은 무엇인가요? (2)

① 2점: 테이크다운, 가드패스

② 2점: 스윕

③ 3점: 니온벨리

④ 3점: 탑마운트, 백마운트

⑤ 3점: 백컨트롤

- 세이프티 에어리어와 장외에 대한 설명으로 틀린 것은 무엇인가요? (2)
  ① 점수나 어드밴티지는 세이프티 에어리어 내에서 이루어진 동작에 대해 부여된다. 해당 구역 밖에서 이루어지는 동작에 대해서는 포인트와 어드밴티지가 부여되지 않는다.
  ② 세이프티 에어리어에 떨어진 후 장외로 튕겨 나간 경우 공격자에게 어드밴티지를 주고 중앙에서 같은 자세로 재개한다.
  ③ 세이프티 에어리어에서 기술이 성공하였지만 3초 유지 전에 방어자의 탈출로 인하여 장외가 된 경우 기술 시도자에게 어드밴티지를 부여하고 중앙에서 스탠딩으로 재개한다.
  ④ 기술이 성공되고 3초 유지 전에 방어자가 테크니컬웨이가 아니고 무작정 도망간 경우, 경기를 중지하고 페널티를 주고 상대 선수에게 2점을 주고 중앙에서 같은 자세로 재개한다. 만약 같은 자세로 재개할 수 없을 때는 스탠딩으로 재개한다. 스탠딩으로 재개할 경우 기술을 성공하고 3초를 유지하지 못한 것에 대한 어드밴티지를 제일 먼저 부여한다.
  ⑤ 사이드컨트롤과 같이 불리한 포지션에서(테크니컬웨이가 아닌) 무작정 도망갔을 경우, 경기를 중지하고 페널티를 부여하고 중앙에서 같은 자세로 재개한다. 만약 같은 자세 재현이 불가능할 경우에는 스탠딩으로 재개한다.

- 장외에 대한 설명으로 틀린 것은 무엇인가요? (5)
  ① 세이프티 에어리어에서 스코어링이 일어날 듯한 공방이 계속되는 경우에는 이를 지켜보다가 그 상황이 정지되었을 때 중앙으로 이동하여 경기를 재개한다.
  ② 선수들이 파이팅 에어리어와 세이프티 에어리어에 걸쳐있으면서 안정적인 자세를 취하고 있을 경우 경기를 중지하고 중앙으로 이동하여 같은 자세로 재개한다.

③ 점수나 어드밴티지는 세이프티 에어리어 내에서 이루어지는 동작에 대해 부여된다. 해당 구역 밖에서 이루어지는 동작에 대해서는 포인트와 어드밴티지가 부여되지 않는다.

④ 세이프티 에어리어 라인에서 기술 성공 후 장외로 튕겨 나간 경우 기술 시도자에게 어드밴티지를 주고 중앙에서 스탠딩으로 재개한다.

⑤ 세이프티 에어리어 내에서 기술이 성공되었지만 3초 유지 전에 방어자의 합당한 탈출로 인하여 장외가 된 경우 탈출한 선수에게 페널티를 주고 기술 시도자에게 어드밴티지를 부여하고 중앙에서 스탠딩으로 재개한다.

- 장외에 관한 규정 중 잘못된 것은 무엇인가요? (1)

① 싱글렉 테이크다운 시도 중 공격자가 상대를 밖으로 끌고 나가거나 기술적 시도 없이 싱글렉을 잡고 밀고만 나갔을 때도 공격자에게 어드밴티지를 준다.

② 서브미션에 걸려서 이를 탈출하기 위해 장외로 무작정 도망갔을 때는 실격 처리한다. 합당한 탈출로 인해 장외가 되었을 때는 공격자에게 2포인트를 주고 방어자에게는 페널티를 주지 않는다. 이후 중앙에서 스탠딩으로 재개한다.

③ 스윕이나 테이크다운 성공 후 세이프티 에어리어 라인에 떨어진 후에 장외가 되었을 때는 공격자에게 어드밴티지를 주고 중앙에서 스탠딩으로 재개한다.

④ 스윕이나 테이크다운이 장외에서 성공했을 때는 포인트는 물론 어드밴티지도 없다.

⑤ 싱글렉 테이크다운이 성공되지 않고, 공격자의 기술 시도 또는 방어자의 합당한 탈출로 인하여 장외가 되었을 경우 공격자에게 포인트는 물론 어드밴티지도 주지 않는다.

- 선수가 스윕을 당한 후에 장외로 무작정 도망을 갔을 때에 대한 올바른 설명은 무엇인가요? (4)
  ① 도망간 선수에게 페널티를 주고, 중앙에서 스탠딩으로 재개한다.
  ② 도망간 선수를 실격 처리한다.
  ③ 도망간 선수에게 페널티를 주고, 상대 선수에게는 4포인트를 주고, 중앙에서 스탠딩으로 재개한다.
  ④ 도망간 선수에게 페널티를 주고, 상대 선수에게는 2포인트를 주고, 중앙에서 스탠딩으로 재개한다.
  ⑤ 도망간 선수에게 페널티를 주고, 상대 선수에게는 어드밴티지를 주고, 중앙에서 스탠딩으로 재개한다.

- 장외로 도망갔을 때 상황별 조치에 대한 설명으로 틀린 것은 무엇인가요? (2)
  ① 서브미션 상황에서 방어자가 테크니컬웨이가 아니라 무작정 도망간 경우 실격 처리된다.
  ② 서브미션 상황에서 방어자가 테크니컬웨이로 장외가 된 경우, 방어자에게는 페널티를 주고 공격자에게는 2점을 주고, 중앙에서 스탠딩으로 재개한다.
  ③ 서브미션 상황에서 공격자의 움직임으로 인해 장외가 된 경우 중앙에서 스탠딩으로 재개한다. 이때 서브미션이 리얼데인저인 경우 공격자에게 어드밴티지를 준다.
  ④ 스코어링 상황에서 장외로 도망갈 경우 중앙에서 같은 자세로 재개하고, 같은 자세로 재개할 수 없을 경우에는 스탠딩으로 재개한다.
  ⑤ 스코어링 상황 또는 불리한 포지션에서 장외로 무작정 도망갈 경우 페널티를 주고, 상대에게는 2점을 주고, 중앙에서 스탠딩으로 재개한다.

• 장외에 관한 규정이 올바른 것들로 모아진 것은 무엇인가요? (4)

보기

1. 스윕이나 테이크다운이 장외에서 성공했을 경우 포인트는 없지만 어드밴티지를 준다.
2. 스윕이나 테이크다운이 세이프티 에어리어에서 성공된 후 튕겨져 장외가 되었을 때는 공격자에게 어드밴티지를 주고 중앙에서 스탠딩으로 재개한다.
3. 스윕이나 테이크다운이 세이프티 에어리어에서 성공된 후 3초 유지 전에 방어자의 합당한 탈출로 인하여 장외가 되었을 때는 공격자에게 어드밴티지를 주고 중앙에서 스탠딩으로 재개한다.
4. 스윕이나 테이크다운 시 또는 불리한 포지션에서 상대가 무작정 장외로 도망간 경우 공격자에게 2점을 주고, 도망간 선수에게 페널티를 주고, 도망가기 전 안정된 자세였다면 같은 자세로 재개한다.
5. 싱글렉 테이크다운 시도 중 공격자가 상대를 끌고 밖으로 나갔을 경우 공격자에게 어드밴티지를 준다.
6. 싱글렉 테이크다운 시도 중 공격자가 상대를 밀고 밖으로 나갔을 경우 공격자에게 어드밴티지를 준다.
7. 싱글렉 테이크다운이 성공되지 않았지만 공격자의 기술 시도 또는 방어자의 합당한 탈출로 인하여 장외가 되었을 경우 공격자에게 포인트는 물론 어드밴티지도 주지 않고 중앙에서 스탠딩으로 재개한다.

① 1, 2

② 2, 3, 4

③ 4, 5, 6

④ 2, 3, 4, 7

⑤ 2, 3, 4, 6, 7

- 가드에 있는 상대를 탑에 있는 선수가 하프가드 컨트롤하면 어드밴티지를 받을 수 있습니다. 다음 중 이에 관한 설명으로 틀린 것은 무엇인가요? (5)

  ① 셀프 하프가드(풀링 하프가드)와 가드패스 중에 만들어졌다면 어드밴티지를 받는다.

  ② 테이크다운 후 바로 하프가드 컨트롤이 된 경우에는 해당되지 않지만, 테이크다운 후 상대의 Z가드(니쉴드) 패스 후 하프가드 컨트롤을 한다면 어드밴티지를 받을 수 있다.

  ③ 가드패스 과정 중이 아닌 사이트컨트롤 또는 마운트에서 만들어진 경우 어드밴티지를 받을 수 없다.

  ④ 하프가드 컨트롤 후 스윕을 당했다면 스윕한 상대는 스윕 포인트를 받고 하프가드 컨트롤 했던 선수는 어드밴티지를 받는다. 하프가드 컨트롤 후 경기가 종료되었다면 어드밴티지를 받는다.

  ⑤ 하프가드 컨트롤 후 가드패스에 성공했다면 가드패스 포인트와 하프가드 컨트롤 어드밴티지를 받는다.

- 페널티에 대한 설명으로 옳은 것은 무엇인가요? (3)

  ① 메이저 테크니컬 페널티는 경기 실격, 기존 메달 박탈, 순위 명단에서 제외 조치된다. 메이저 디서플러너리 페널티는 경기 실격 조치되고 등수와 메달은 유지된다. 마이너 테크니컬 페널티의 경우 4번 누적이 되면 실격 처리된다.

  ② 욕설과 손가락 욕은 메이저 테크니컬 페널티로 실격이다.

  ③ 머리카락 잡아당기기, 깨물기, 꼬집기, 할퀴기는 메이저 디서플러너리 페널티로 실격이다.

  ④ 풀어진 벨트로 거는 초크, 슬램, 시저스 테이크다운은 메이저 테크니컬 페널티로 실격이다.

⑤ 입이나 코를 막아 숨 쉬는 것을 방해한 경우 메이저 디서플러너리 페널티로 실격이다.

- 스톨링 페널티에 대한 설명으로 틀린 것은 무엇인가요? (3)

① 사이드컨트롤, 노스엔사우스, 스카프홀드 같은 누르기 포지션에 깔려 방어 중인 선수는 스톨링 페널티가 없다.

② 사이드컨트롤, 노스엔사우스, 스카프홀드 같은 누르기 포지션을 차지하고 20초가 지나도록 움직임이 없을 경우 공격자는 스톨링 페널티를 받는다.

③ 탑마운트나 백마운트에서 포인트를 받고 20초가 지나도록 별다른 움직임이 없는 경우 스톨링 페널티를 받는다.

④ 백컨트롤에서 바디 트라이앵글을 잡고 20초가 지나도록 별다른 움직임이 없는 경우 스톨링 페널티를 받는다.

⑤ 50/50 가드에서 라펠이나 벨트를 상대 다리에 감아 컨트롤하는 경우 공방 중이더라도 20초가 지나면 스톨링 페널티를 받는다.

- 다음 설명 중 틀린 것은 무엇인가요? (3)

① 하프가드로부터 다리를 잡고 스윕을 시도하며 일어난 선수를 2초만에 테이크다운 시켜 다시 가드가 된 경우 포인트는 물론 어드밴티지도 없다.

② 하프가드로부터 다리를 잡고 스윕을 시도하며 일어난 선수를 2초만에 테이크다운 시켜 사이드가 된 경우 3점이 된다.

③ 사이드컨트롤에서 다리를 잡고 일어난 선수를 5초 후에 테이크다운 시켜 넘긴 경우 3초가 지났기 때문에 테이크다운 포인트가 된다.

④ 하프가드로부터 다리를 잡고 스윕을 시도하며 일어난 선수를 2초만에 테이크다운 성공하여 마운트가 된 경우 7점이 된다.

⑤ 하프가드로부터 다리를 잡고 스윕을 시도하며 일어난 선수를 5초 만에 테이크다운 성공하여 마운트가 된 경우 6점이 된다.

- 주짓수 경기 상황에 대해 옳은 설명은 무엇인가요? (4)
  ① 상대방에게 테이크 다운을 당하기 전에는 절대 먼저 누워서는 안 된다.
  ② 힘으로 풀 수 있을 것 같은 느낌이 들면 절대로 탭을 쳐서는 안 된다.
  ③ 스윕을 당하면 곧바로 탭을 친다.
  ④ 스스로 먼저 가드 포지션으로 가는 것도 주짓수 전략 중 하나다.

- 스파링이나 시합 도중 기술에 걸려 항복의 표시를 하는 방법이 아닌 것은 무엇인가요? (4)
  ① 상대방의 몸을 손바닥으로 두 번 이상 탭을 친다.
  ② 상대가 알 수 있게 크게 매트 바닥을 두 번 이상 친다.
  ③ 몸이 움직일 수 없는 상황에서는 입으로 '탭'이라고 말한다.
  ④ 주먹으로 상대방 가슴을 민다.

- 주짓수 대련 혹은 경기에서 일어날 수 있는 상황이 아닌 것은 무엇인가요? (2)
  ① 초크 기술로 상대가 3초 만에 기절했다.
  ② 암락 기술을 사용하여 발목인대에 손상을 입혔다.
  ③ 암바 기술로 상대방의 팔을 부러뜨렸다.
  ④ 사이드 포지션에서의 압박으로 상대방의 가슴뼈에 금이 갔다.

- 다음 중 포인트 계산이 틀린 것은 무엇인가요? (1)
  ① 사이드컨트롤에서 상대를 뒤집어 탑마운트를 차지하여 3초 이상 컨트롤한 경우 2+4, 총 6점이 된다.

② 가드패스와 마운트를 동시에 차지하여 상대를 3초 이상 컨트롤한 경우 3+4, 총 7점이 된다.

③ 마운트에서 상대를 컨트롤하여 3초가 지난 후 상대가 엎드리면서 탈출할 때 바로 백컨트롤을 3초 이상 하면 4+4, 총 8점이 된다.

④ 가드패스와 니온벨리를 동시에 차지하여 상대를 3초 이상 컨트롤한 경우 3+2, 총 5점이 된다.

⑤ 클로즈가드에서 탑에 있는 상대를 스윕하면서 바로 탑 마운트를 차지하여 3초 이상 컨트롤한 경우 2+4, 총 6점이 된다.

- 도복이나 벨트를 이용하는 기술로 적절하지 않은 것은 무엇인가요? (1)

① 마운트 포지션에서 자신의 벨트를 이용한 초크

② 라펠을 이용한 웜가드

③ 사이드 포지션에서 상대방의 벨트를 잡고 포지션을 유지하는 행위

④ 백 포지션에서의 깃 초크

- 마운트 포지션의 상위에서 가능한 연결 동작이 아닌 것은 무엇인가요? (4)

① 아메리카나에서 암바로 전환

② 초크에서 암바로 전환

③ S마운트에서 암바로 전환

④ 파운딩 후 암바로 전환

- 다음 상황에서 심판의 올바른 결정은 무엇인가요? (3)

> 선수A가 클로즈가드에서 거의 탭을 받을 정도로 강력한 루프 초크를 시도합니다. 선수B는 선수A의 클로즈가드 브레이크 후 가드패스하여 사이드를 차지하긴 했으나 루프 초크에 계속 걸린 상태에서 3초가 지납니다. 선수A는 다시 클로즈가드로 리커버리하였고 그때 선수B는 클로즈가드에서 선수A의 루프 초크를 탈출하였습니다.

① 선수A 어드밴티지 1개, 선수B 가드패스 4점
② 선수A 어드밴티지 1개, 선수B 어드밴티지 1개
③ 선수A 어드밴티지 1개
④ 선수B 어드밴티지 1개
⑤ 선수B 3점

- 주짓수 시합에서 올바르지 못한 복장은 무엇인가요? (2)

① 여성은 상의 안에 탄력성 있는 백색의 옷을 입어야 한다. 남녀 모두 하의 안에 타이즈나 레깅스 같은 옷을 착용할 수 있지만, 바짓단보다 짧게 올라가야 한다.
② 종교, 정치, 인종차별, 술, 담배에 관한 내용을 담은 패치를 도복에 붙일 수 있다.
③ 도복의 소맷단과 하의 바짓단의 여유 폭의 너비는 7cm 이상이어야 한다. 상의는 손목에서 5cm 이상 올라가면 안 되고, 하의는 안쪽 복사뼈에서 5cm 이상 올라가면 안 된다.
④ 벨트의 너비는 4~5cm이어야 한다. 벨트는 잘 풀리지 않게 두 겹 매듭으로 묶고, 묶은 후 늘어진 나머지 띠의 길이는 20~30cm 정도 되게 한다.
⑤ 도복 상의 라펠의 너비는 5cm, 두께는 1.3cm를 넘지 말아야 하고 라펠 색이 전체적인 색과 같아야 한다.

- 다음 중 어드밴티지를 받을 수 없는 경우는 무엇인가요? (4)

① 초크를 완벽하게 걸었으나 상대가 탈출하거나 시도자가 서브미션을 포기하거나 다른 기술로 전환하는 경우
② 스윕이나 테이크다운과 같은 기술을 시도했으나 포인트를 받기 위한 3초 유지에 실패하거나 3초 유지 전에 경기가 종료되는 경우

③ 스윕이나 테이크다운과 같은 기술을 성공했으나 세이프티 에어리어에 떨어진 후 장외가 되거나 3초 유지 전에 상대의 합당한 탈출로 인하여 장외가 되는 경우
④ 스탠딩 상황에서 기술적인 시도 없이 상대를 장외로 밀어 내보내는 경우
⑤ 상대 선수가 두 번째 페널티를 범하는 경우

- 다음 테이크다운에 대한 설명 중 틀린 것을 모두 고르세요. (1, 3)
  ① 선수 A가 바지나 다리를 잡혔을 때 상대 선수가 풀링가드(셀프가드)로 갔을 경우 3초 동안 탑포지션을 유지하면 선수 A에게는 테이크다운 2포인트가 주어진다.
  ② 블루벨트 경기에서 다리를 잡힌 선수가 점핑 클로즈가드를 시도한 경우 3초 이내에 내려놓고 3초를 유지하면 2점을 받는다. 3초 후에 내려놓는 경우 점수는 물론 어드밴티지도 없다.
  ③ 다리나 바지를 잡힌 선수가 점핑가드를 할 경우 15세 이하와 화이트벨트 경기에서는 즉시 중지 후 페널티를 준다. 다리를 잡았던 선수에게는 어드밴티지를 주고 중앙에서 스탠딩으로 재개한다.
  ④ 다리를 잡힌 선수가 카운트로 누우며 뒤집어 상위를 차지하고 있으면 카운트한 선수만 포인트이며 다리 잡았던 선수는 점수는 물론 어드밴티지도 없다.
  ⑤ 블루벨트 경기에서 다리나 바지를 잡힌 선수가 점핑가드를 한다면 경기를 중지하지 않고 지켜본다.

- JJIF U18 도복 경기에서 금지된 기술들로 묶인 것은 무엇인가요? (4)
  ① 허리 조르기, 리스트락, 아웃사이드 싱글렉
  ② 니바, 카프 슬라이서
  ③ 토우홀드, 에스티마락

④ 힐훅, 실격성 니리핑, 무릎 비틀기

⑤ 길로틴 초크, 백 초크(RNC)

• 고등부와 성인 화이트벨트 경기부터 가능한 기술들로 묶인 것은 무엇인가요? (5)

① 니바(무릎꺾기), 토우홀드(발목 비틀어 꺾기)

② 바이셉스락(이두근 조르기), 카프락(종아리 조르기)

③ 슬램, 초크 없이 목만 비틀거나 꺾기(넥크랭크, 트위스터)

④ 힐훅, 무릎 비틀기, 시저스 테이크다운

⑤ 스트레이트 풋락(앵클락), 오모플라타, 이지키엘(슬리브 초크, 소매 조르기)

• 블루벨트 경기부터 가능한 기술들로 묶인 것은 무엇인가요? (3)

① 니바(무릎 꺾기), 토우홀드(발목 비틀어 꺾기)

② 바이셉스락(이두근 조르기), 카프락(종아리 조르기)

③ 리스트락, 허리조르기(클로즈가드에서 허벅지로 상대의 허리와 몸통 조르기)

④ 슬램, 초크 없이 척추 비틀거나 꺾기(넥크랭크, 트위스터)

⑤ 힐훅, 무릎 비틀기, 시저스 테이크다운

• 모든 벨트에서 불가능한 기술들로 묶인 것은 무엇인가요? (4)

① 니바(무릎 꺾기), 토우홀드(발목 비틀어 꺾기)

② 바이셉스락(이두근 조르기), 카프락(종아리 조르기)

③ 리스트락, 허리 조르기(클로즈가드에서 허벅지로 상대의 허리와 몸통 조르기)

④ 슬램, 초크 없이 척추를 비틀거나 꺾기(넥크랭크, 트위스터), 힐훅, 무릎 비틀기, 시저스 테이크다운, 이로 물기, 머리카락 잡아당기기, 손

가락으로 눈 찌르기, 발로 차기, 주먹으로 때리기, 손톱으로 할퀴기

⑤ 스트레이트 풋락(앵클락), 오모플라타, 이지키엘(슬리브 초크, 소매 조르기)

- 퍼플벨트 이하까지는 불허되고 브라운벨트 이상에만 허용되는 기술들로 묶인 것은 무엇인가요? (1)

① 니바(무릎 꺾기), 토우홀드(발목 비틀어 꺾기), 바이셉스락(이두근 조르기), 카프락(종아리 조르기)

② 리스트락, 허리 조르기(클로즈가드에서 허벅지로 상대의 허리와 몸통 조르기)

③ 슬램, 초크 없이 목만 비틀거나 꺾기(넥크랭크, 트위스터)

④ 힐훅, 무릎 비틀기, 시저스 테이크다운

⑤ 스트레이트 풋락(앵클락), 오모플라타, 이지키엘(슬리브 초크, 소매 조르기)

- 다음 보기 중 초등부 경기에서 가능한 기술들로 묶인 것은 무엇인가요? (2)

보기

1. 리스트락 (손목꺾기)	2. 리어네이키드 초크 (백초크)	3. 크로스라펠 초크 (십자조르기)	4. 오모플라타
5. 트라이앵글 초크에서 머리까지 잡아당기며 시도	6. 스트레이트 풋락 (앵클락)	7. 이지키엘 (슬리브 초크, 소매 조르기)	8. 허리 조르기 (클로즈가드에서 허벅지로 몸통 조르기)
9. 길로틴 초크	10. 암트라이앵글 초크	11. 다스 초크	12. 바나나스플릿 (가랑이벌려찢기)

① 1, 2

② 2, 3

③ 2, 3, 4

④ 2, 3, 4, 9, 12

⑤ 2, 3, 12

- 다음 보기 중 중등부 경기에서 가능한 기술들로 묶인 것은 무엇인가요? (5)

보기

1. 리스트락 (손목꺾기)	2. 리어네이키드 초크 (백초크)	3. 크로스라펠 초크 (십자조르기)	4. 오모플라타
5. 트라이앵글 초크에서 머리까지 잡아당기며 시도	6. 스트레이트 풋락 (앵클락)	7. 이지키엘 (슬리브 초크, 소매 조르기)	8. 허리 조르기 (클로즈가드에서 허벅지로 몸통 조르기)
9. 길로틴 초크	10. 암트라이앵글 초크	11. 다스 초크	12. 바나나스플릿 (가랑이벌려찢기)

① 1, 2

② 2, 3

③ 2, 3, 4

④ 2, 3, 4, 9, 12

⑤ 2, 3, 12

- [기타 종합] 제시된 영상 또는 사진을 보고 다음의 문제에 답하세요.

▲다음 상황에서 발생한 포인트는 총 몇 점인가요?

▲다음과 같은 상황이 발생했을 때 심판의 올바른 조치는 무엇인가요?

▲다음 중 마이너 파울이 발생한 경우는 무엇인가요?

▲골든스코어 상황에서 백색 도복이 승자가 되는 경우는 무엇인가요?

▲다음 중 테이크다운 포인트를 받을 수 없는 상황은 무엇인가요?

▲다음과 같은 스코어링 포지션에서 방어자가 장외로 무작정 도망갔을 때 심판의 합당한 조치는 무엇인가요?

▲가드패스 중 터틀 포지션이나 하프가드 홀딩 상황으로 어드밴티지를 받을 수 있는 경우는 무엇인가요?

▲다음 중 실격성 슬램이 아닌 것은 무엇인가요?

▲다음 중 니리핑으로 인한 메이저 파울은 무엇인가요?

〈트레이닝론, 지도자 소양, 주짓수 상식 기출문제〉

- 근육 성장의 주요 3요소에 포함되지 않는 것은 무엇인가요? (4)

① 식사 및 영양 관리

② 적절한 운동과 휴식

③ 매일 지속적인 운동 수행

④ 주 3회 웨이트 트레이닝 수행

- 초급자 트레이닝 원리에 부합하는 설명은 무엇인가요? (1)

① 점진적 과부하의 원리: 훈련 시간과 세트 수를 점진적으로 증가

② 분리의 원리: 신체 부위를 구분하여 훈련

③ 혼동의 원리: 세트와 반복 수 변화를 통해 자극 혼동 제공

④ 세트 시스템의 원리: 각 부위별로 3~4세트씩 여러 운동 수행

- 초급자 트레이닝 방법에 해당하는 설명은 무엇인가요? (2)

① 컴파운드 세트 원리: 동일 부위에 두 가지 이상 운동을 연속 수행

② 점진적 과부하의 원리: 훈련 시간과 세트 수를 점진적으로 증가

③ 피라미드 원리: 세트 증가 시 무게 증가, 무게 증가 시 반복 수 감소

④ 스플릿 원리: 하루 훈련에서 2~3개 부위를 집중적으로 훈련

• (   )에 해당하는 근육통의 종류는 무엇인가요? (4)

> 보기 1. (   ) 근육통: 운동 다음 날 나타나는 전형적 근육통
> 보기 2. (   ) 근육통: 운동 후 이틀 뒤 나타나는 근육통

① 지연성, 가벼운
② 지연성, 무거운
③ 무거운, 재빠른
④ 가벼운, 지연성

• '웨이트머신 - 프리웨이트'의 설명으로 옳은 것은 무엇인가요? (4)

① 기술 숙련도 높음 - 기술 숙련도 높음
② 안전성 낮음 - 안전성 높음
③ 운동 다양성 높음 - 운동 다양성 높음
④ 동작의 역동성 낮음 - 동작의 역동성 높음

• 운동 부하의 질적 요소와 양적 요소의 옳은 설명은 무엇인가요? (1)

① 양적 요소: 운동 시간, 운동 빈도
② 질적 요소: 운동 형태, 운동 빈도
③ 양적 요소: 운동 시간, 운동 강도
④ 질적 요소: 운동 시간, 운동 형태

• 부상 방지에 대한 설명으로 적절하지 않은 것은 무엇인가요? (3)

① 부상 예방을 위해 필요한 사항을 숙지한다.
② 훈련 전 충분한 준비운동을 실시한다.
③ 위험 상황이 예상되더라도 목표 달성을 위해 훈련을 지속한다.
④ 훈련 후 회복을 위해 휴식을 취한다.

- 훈련 전 · 후 필요한 내용으로 적절하지 않은 것은 무엇인가요? (4)

  ① 훈련 후 수분 및 영양을 보충한다.

  ② 훈련 후 안정과 휴식을 취한다.

  ③ 훈련 전 충분한 스트레칭을 한다.

  ④ 훈련 전 과음한다.

- 준비운동의 필요성에 대한 설명으로 올바르지 않은 것은 무엇인가요? (1)

  ① 벌크업(bulk-up)

  ② 관절 가동범위 증가

  ③ 부상 예방

  ④ 체온 상승 및 협응력 향상에 따른 운동 능력 증가

- 비만 환자를 위한 트레이닝 방법으로 옳은 것은 무엇인가요? (4)

  ① 단시간 · 저강도의 유산소 운동만 권장

  ② 강한 강도 · 장시간의 무산소 운동 실시

  ③ 초기부터 고강도 · 장시간 운동 권장

  ④ 저강도의 반복적 운동 실시

- 초보자 지도 시 주의사항으로 틀린 설명은 무엇인가요? (2)

  ① 이해하기 쉬운 용어로 설명하며 지도하였다.

  ② 어려운 자세와 호흡법을 중심으로 지도하였다.

  ③ 길동이가 과도한 훈련으로 힘들어하자 주의시키고 휴식하도록 하였다.

  ④ 웨이트머신 중심의 운동을 선택하였다.

• 체력의 종류는 A체력과 B체력으로 구분됩니다. 이에 해당하는 것을 고르세요(정답 2개). (1, 2)

① 방위

② 행동

③ 군인

④ 심상

• 체력은 인간의 생존과 활동의 기초가 되는 A적 · B적 능력을 의미합니다. 이에 해당하는 것을 고르세요(정답 2개). (1, 3)

① 신체

② 사회

③ 정신

④ 문화

• 웨이트 트레이닝의 효과가 아닌 것을 모두 고르세요. (2, 4)

① 체중 조절에 기여

② 무기력 증가

③ 근력 증가

④ 집중력 저하

• 트레이닝 종류에 대한 설명으로 옳은 것은 무엇인가요? (4)

① 인터벌 트레이닝: 완전한 휴식 후 운동 반복

② 플라이오메트릭 트레이닝: 불완전한 휴식 상태에서 반복 운동 수행

③ 레피티션 트레이닝: 단시간 내 최대 근력 발휘

④ 서킷 트레이닝: 몇 가지 운동을 세트화하여 실시

- 바벨 그립 중 옳지 않은 설명은 무엇인가요? (3)
  ① 언더핸드 그립: 손등이 아래를 향함
  ② 오버핸드 그립: 손등이 위를 향함
  ③ 리버스 그립: 손바닥이 서로 마주 봄
  ④ 훅 그립: 엄지손가락을 다른 손가락 안쪽에 넣어 잡음

- 근력운동 후 섭취 음식으로 적절하지 않은 것을 모두 고르세요. (3, 4)
  ① 적정량 탄수화물 함유 식품
  ② 충분한 단백질 함유 식품
  ③ 당분이 과다한 과자류
  ④ 과일이 함유된 주류

- 트레이닝의 원리로 옳지 않은 설명은 무엇인가요? (4)
  ① 반복성의 원리: 훈련을 장기간 반복적으로 실시
  ② 특이성의 원리: 특정 목표 달성을 위한 특정 훈련 수행
  ③ 점진성의 원리: 부하를 점진적으로 증가
  ④ 과부하의 원리: 일상 수준 이하의 자극 제공

- 아시안게임 주짓수 경기에서 사용되는 공식 벨트 색상은 무엇인가요? (3)
  ① 녹색-흑색
  ② 청색-백색
  ③ 청색-적색
  ④ 적색-백색

- 대한주짓수회가 채택한 승급 체계의 올바른 대응은 무엇인가요? (1)

  ① 품/단-벨트

  ② 동-단

  ③ 레벨-벨트

  ④ 품/단-짜

- 아시안게임 종목인 주짓수를 관할하는 국제주짓수연맹의 영문 명칭은 무엇인가요? (3)

  ① WKF

  ② IJF

  ③ JJIF

  ④ IBJJF

- 대한주짓수회의 영문 명칭은 무엇인가요? (3)

  ① WTF

  ② KJA

  ③ JJAK

  ④ KTA

- 주짓수가 전국체전 시범종목으로 채택된 해는 언제인가요? (2)

  ① 2024년

  ② 2025년

  ③ 2026년

  ④ 2027년

- 주짓수가 정식종목으로 처음 채택된 아시안게임 대회는 무엇인가요? (3)
  ① 2010 광저우
  ② 2014 인천
  ③ 2018 자카르타-팔렘방
  ④ 2022 항저우

- UFC 1 · 2회 대회 우승으로 주짓수를 전 세계에 알린 인물은 누구인가요? (4)
  ① 장 자크 마차도
  ② 브루노 말파시니
  ③ 니콜라스 메레갈리
  ④ 호이스 그레이시

- 주짓수와 외형적으로 가장 유사한 종목은 무엇인가요? (3)
  ① 킥복싱
  ② 태권도
  ③ 유도
  ④ 가라테

- 아시안게임이 채택한 주짓수 세부종목은 무엇인가요? (3)
  ① 파이팅
  ② 듀오
  ③ 네와자
  ④ 컨택

• 대한주짓수회 전문선수권대회 참가를 위한 지도자의 필수 요건은 무엇인가요? (1)

① 당해 연도 지도자 교육을 이수한 성인

② 전년도 세컨 경력이 있는 퍼플벨트 이상

③ 정확한 승급 이력을 갖춘 블랙벨트

④ IBJJF 등록 브라운벨트 이상

• 2022 항저우 아시안게임에 채택된 주짓수 체급은 무엇인가요? (1)

① 남자 -62, -69, -77, -85

② 남자 -62, -69, -77, +85

③ 여자 -48, -52, -55, -63

④ 여자 -48, -52, -57, +63

• 주짓수 벨트 체계에 포함되지 않는 것은 무엇인가요? (4)

① 블루 벨트

② 블랙 벨트

③ 브라운 벨트

④ 연두색 벨트

• 주짓수에서 작은 힘으로 큰 힘을 대응할 때 핵심적으로 작용하는 요소는 무엇인가요? (4)

① 하체 근력

② 도복의 무게

③ 상체 근력

④ 지렛대 원리

- 주짓수 승급 체계에 관한 설명으로 옳은 것은 무엇인가요? (4)
  ① 한 벨트에서 최대 3개의 그라우(스트라이프)를 받을 수 있다.
  ② 블루벨트 다음은 브라운벨트이다.
  ③ 수련 기간 10년이면 누구나 블랙벨트가 된다.
  ④ 성인부와 유소년부의 승급 체계는 다를 수 있다.

- 주짓수 경기 또는 수련에서 항복 신호를 의미하는 용어는 무엇인가요? (3)
  ① 레프리 스톱
  ② 닥터 스톱
  ③ 탭
  ④ 타임아웃

- 스포츠 교육이 지향하는 내용으로 적절하지 않은 것은 무엇인가요? (4)
  ① 학교체육-생활체육-전문체육의 연계
  ② 활동 목표 · 내용 · 방법의 통합화와 다양화
  ③ 전 생애 학습자 대상 적용
  ④ 훈련 과정에서 지도자가 직관에만 의존

- 스포츠지도자의 자질과 지도 방법으로 옳지 않은 것은 무엇인가요? (3)
  ① 지도자는 재능과 인성을 갖추어야 한다.
  ② 지도자는 높은 성품과 모범을 유지해야 한다.
  ③ 선수에게 수단 · 방법을 불문한 승리를 지시한다.
  ④ 선수의 도덕적 자율성을 지도한다.

- '스포츠 규칙'에 대한 특성으로 적절하지 않은 것은 무엇인가요? (1)
  ① 편파성
  ② 제도화
  ③ 일관성
  ④ 공평성

- 세계도핑방지규약에서 규정한 도핑 방법에 해당하지 않는 것은 무엇인가요? (1)
  ① 침술적 시술
  ② 화학적 조작
  ③ 유전자 도핑
  ④ 물리적 조작

- 선수 체벌 문제가 발생하는 이유로 적절하지 않은 것은 무엇인가요? (2)
  ① 성적 중시 문화
  ② 적절한 인권 교육
  ③ 폭력이 경기력 향상에 기여한다는 인식
  ④ 체벌을 당연시하는 문화

- 스포츠 지도자의 지도방식으로 옳지 않은 것은 무엇인가요? (3)
  ① 사회적 책임감을 갖고 지도
  ② 다양한 연령층 대상 프로그램 운영
  ③ 특정 선수에게만 관심 · 기회 제공
  ④ 종목을 즐길 수 있도록 지도

- 지도자의 능력 향상 방안으로 옳지 않은 것은 무엇인가요? (4)
  ① 지도자 교육 참여
  ② 심판 강습회 참여
  ③ 응급처치 자격증 취득
  ④ 경기 이론 지식 무시

- 선수 경기력 향상 방안으로 적절하지 않은 것은 무엇인가요? (1)
  ① 부상 예방 무시
  ② 충분한 영양 섭취
  ③ 긍정적 심리 상태 조성
  ④ 근력 강화 훈련 참여

- 시합에서 부정행위가 아닌 것은 무엇인가요? (2)
  ① 도복 규정 위반
  ② 심판 판정에 수긍
  ③ 담합을 통한 성적 조작
  ④ 금지 약물 복용

- 스포츠 성폭력 예방법이 아닌 것은 무엇인가요? (4)
  ① 성적 농담 금지
  ② 무의식적 신체 접촉 금지
  ③ 강요된 만남 · 교제 금지
  ④ 특정 신체 부위 응시

• 스포츠 성폭력 발생 후 부적절한 대처는 무엇인가요? (1)

① 피해자와 가해자를 분리하지 않는다.

② 스포츠윤리센터에 신고한다.

③ 피해 선수를 보호한다.

④ 경찰에 신고한다.

• 2026년 아시안게임 개최지는 어디인가요? (4)

① 자카르타-팔렘방

② 항저우

③ 부산

④ 아이치-나고야

• 주짓수 입문자 지도 방법으로 옳은 것은 무엇인가요? (3)

① 탭은 패배이므로 끝까지 버티게 한다.

② 주짓수는 생존 무도이므로 강한 스파링을 실시한다.

③ 꾸준한 수련과 부상 예방을 최우선 목표로 지도한다.

④ 입문 단계부터 고강도 체력훈련을 강요한다.

• 효율적 지도에 부합하지 않는 것은 무엇인가요? (4)

① 지도자의 전문 지식 보유

② 학습자의 적극적 참여

③ 과제 난이도의 적절성

④ 과도하게 긴 대기시간

- 스포츠 지도자의 리더십 행동으로 적절하지 않은 것은 무엇인가요? (3)
  ① 목표 설정 지원
  ② 선수에게 개별 시간 제공
  ③ 과도한 자신감 부여
  ④ 주의 산만 요인 파악 및 지도

- 루틴에 대한 설명으로 적절하지 않은 것은 무엇인가요? (1)
  ① 시합 당일 일정을 갑작스럽게 변경
  ② 불안 감소 · 집중력 향상
  ③ 심상 · 혼잣말로 긴장 해소
  ④ 환경 변화에도 안정성 유지

- 응급처치 설명으로 올바르지 않은 것은 무엇인가요? (3)
  ① 환자 상태에 따른 적절한 처치
  ② 전문 의료진 도착 전까지 취하는 조치
  ③ 탈골 시 임의로 교정
  ④ 심정지 시 심폐소생술 실시

- 성폭력 예방 · 대처로 적절하지 않은 것은 무엇인가요? (1)
  ① 피해 기록 삭제
  ② 고발자 보호 분위기 조성
  ③ 피해 상황 즉시 이탈
  ④ 지도자 · 선수 대상 예방 교육

- 승부조작 방지 방안으로 적절하지 않은 것은 무엇인가요? (2)

  ① 처벌 강화

  ② 윤리 교육 약화

  ③ 관리·감독 강화

  ④ 불법 도박 근절

- 인종차별 극복 방안으로 올바르지 않은 것은 무엇인가요? (2)

  ① 실력 기반 경쟁

  ② 인종 편견 증폭

  ③ 스포츠의 본질 가치 추구

  ④ 차별 철폐 이념 확산

- 선수 폭력에 관한 설명으로 옳지 않은 것은 무엇인가요? (2)

  ① 우발적 폭력도 발생 가능함

  ② 일상 폭력은 처벌 대상이 아님

  ③ 계획적 폭력도 존재함

  ④ 일상 폭력은 중대한 사회적 일탈임

- 대한체육회가 규정한 '선수 폭력 요소'가 아닌 것은 무엇인가요? (3)

  ① 감금

  ② 따돌림

  ③ 군사력

  ④ 협박

- 체육지도자의 덕목으로 올바르지 않은 것은 무엇인가요? (3)

  ① 활발한 상호 소통

  ② 윤리 · 도덕 기반의 가치 제시

  ③ 구성원 간 갈등 조장

  ④ 목표 달성을 위한 비전 제시

- 문화체육관광부 지정 '스포츠 4대 악'이 아닌 것은 무엇인가요? (4)

  ① 조직 사유화

  ② 성폭력

  ③ 입시 비리

  ④ 공정한 경쟁

- 스포츠 조직의 불공정 요소가 아닌 것은 무엇인가요? (1)

  ① 윤리 규범에 기반한 행동 기준 제시

  ② 승리 지상주의

  ③ 승부조작

  ④ 학연 · 지연 · 혈연 기반 편파 판정

- 효과적인 도핑 방지 방안이 아닌 것은 무엇인가요? (3)

  ① 스포츠 윤리 교육

  ② 도핑검사 강화

  ③ 신약 개발

  ④ 처벌 강화

- 스포츠 성폭력 방지책으로 올바르지 않은 것은 무엇인가요? (1)
  ① 스포츠계 성적 폐쇄성 유지
  ② 예방 교육 의무화
  ③ 성 문제 관련 전문상담원 배치
  ④ 모든 대상에 예외 없는 원칙 적용

- 스포츠 조직 윤리 문화 조성을 위한 올바른 행동 수칙은 무엇인가요? (1)
  ① 수칙 적용 대상을 명확히 규정한다.
  ② 예외 조항을 반드시 둔다.
  ③ 수칙을 모호하게 적용한다.
  ④ 위반 사실과 처벌 결과를 공개하지 않는다.

- 스포츠 윤리의 목적으로 적절하지 않은 것은 무엇인가요? (2)
  ① 도덕성과 인격 함양
  ② 의도적 반칙의 정당화
  ③ 공정한 조건 제시
  ④ 바람직한 공동체의 모습 제시

- 스포츠 폭력 예방 방안으로 적절하지 않은 것은 무엇인가요? (1)
  ① 폭력 가해자 보호 강화
  ② 지도자 대상 폭력 예방 교육 실시
  ③ 폭력 지도자 체육 현장에서 배제
  ④ 우수 지도 모델 확산

Ⅵ

주짓수 경기 및 규칙

SPORTS JIU-JITSU

Ⅵ 주짓수 경기 및 규칙

'주짓수 경기 및 규칙'은 아시아주짓수연맹(JJAU) 경기 규정 버전 2.7 내용입니다. 본 규정은 2015년에 승인되었고 2024년에 개정되었습니다. 본문에 사용된 그림의 출처도 이와 동일합니다.

주짓수 경기의 궁극적인 목적은 스탠딩이나 그라운드에서 조르기, 꺾기, 메치기, 테이크다운, 포지셔닝 컨트롤 등의 기술을 사용해 상대를 제압하고 상대에게 항복을 받아내는 것입니다. 경기 시에는 도복(기) 또는 공식적으로 승인된 래시가드와 반바지(노기)를 착용해야 합니다. 서브미션으로 종료되지 않은 경기에서는 포인트 누적과 컨트롤 포지션을 기준으로 한 공식 채점 시스템에 따라 승자가 결정됩니다.

제1장 경기장

01.01 매치 에어리어(Match area)는 경기에 적합한 안전한 매트로 구성되어야 합니다. 파이팅 에어리어(Fighting area)와 세이프티 에어리어(Safety area)는 쉽게 구분될 수 있도록 서로 다른 색깔로 구성되어야 합니다(매치 에어리어=파이팅 에어리어+세이프티 에어리어).

01.02 파이팅 에어리어는 한 가지 색으로 구성되어야 하고, 크기는 가로 8m x 세로 8m 이상이어야 합니다.

01.03 세이프티 에어리어는 파이팅 에어리어와 다른 색이어야 하고, 파이팅 에어리어를 둘러싸고 있어야 하며, 파이팅 에어리어 바깥 모든 방향으로 1m^2씩 추가 배치되어야 합니다.

01.04 매치 에어리어는 파이팅 에어리어와 세이프티 에어리어로 구성됩니다. 매치 에어리어의 크기는 가로 10m x 세로 10m 이상이어야 합니다.

01.05 세이프티 에어리어 밖 추가 설치 매트(Outside)는 매치 에어리어로 인정되지 않습니다. 세이프티 에어리어 밖에서 발생하는 동작은 경기의 일부로 간주되지 않습니다. 대회 조직위원회에는 경기의 명료성 확보 및 선수 보호를 위해 세이프티 에어리어 밖 추가 매트 설치가 권고됩니다.

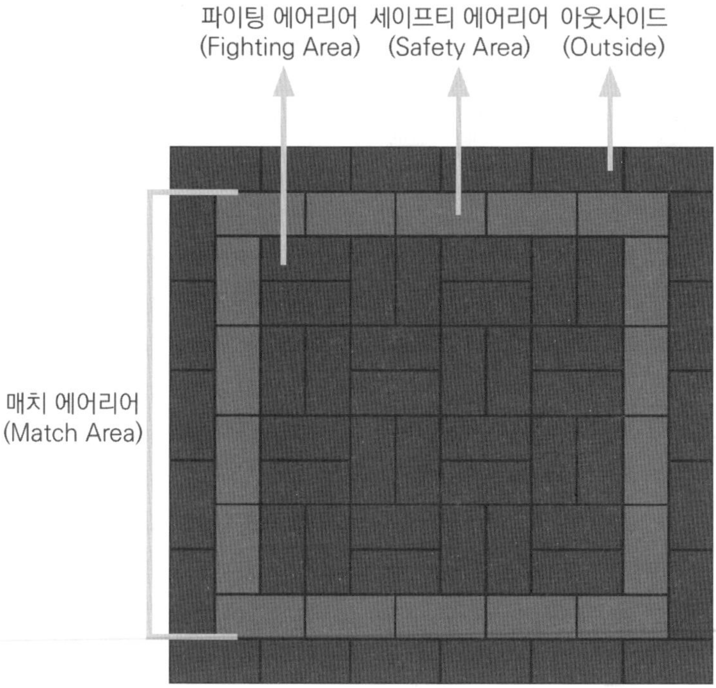
파이팅 에어리어
(Fighting Area)
세이프티 에어리어
(Safety Area)
아웃사이드
(Outside)
매치 에어리어
(Match Area)

제2장 코치

02.01 한 명의 코치만 선수와 함께 경기장에 입장이 가능하며, 코치는 매치 에어리어 밖에서 선수에게 구두로 지시할 수 있습니다. 코치는 비디오 판독 챌린지 요청의 경우를 제외하고는 지정된 의자나 부스에 앉아 있어야 합니다. 코치는 경기장에서 휴대전화를 포함한 어떠한 전자기기도 사용할 수 없습니다(사진이나 비디오를 촬영할 수 없습니다). 선수가 경기 중 코치에게 말을 할 경우 페널티가 주어집니다.

02.02 코치는 모든 사람들에게 모범이 되어야 하므로 언행에 있어 무도인으로서의 예를 갖추어야 합니다. 자세한 내용은 JJIF 윤리강령과 스포팅코드 문서를 참조하세요.

02.03 코치는 정장이나 운동복을 단정히 입어야 합니다. 예선전에서는 팀복 착용이 허용되나 결승전에서는 정장을 착용해야 합니다. 코치는 모자를 쓸 수 없습니다. 대회에 따라서 특정한 복장 규정을 따르도록 요구될 수 있습니다. 복장 규정을 준수하지 않을 경우 선수와 동행할 수 없거나 퇴장을 요구받을 수 있습니다.

02.04 코치가 경기에 지장을 주거나 선수, 심판, 스텝, 관중 또는 누구에게라도 공격적인 행동을 하는 경우 심판은 해당 코치를 경기장에서 퇴장시킬 수 있습니다. 만일 그런 행동이 지속될 경우, 주최자는 해당 코치를 다른 경기에도 참여하지 못하게 할 수 있습니다.

02.05 심판과 주최자는 경기장에서 문제의 소지가 있다고 판단되는 사람을 추방할 수 있습니다.

제3장 선수복장과 준비사항들

03.01 도복은 깨끗한 백색 면으로 직조되어야 합니다. 립스탑 소재는 바지에는 허용되나 상의에는 허용되지 않습니다. 선수에게 잘 맞는 크기여야 하고 적절한 그립감을 제공하는 소재로 제작되어야 합니다. 벨트는 적색과 청색이어야 하고 적절한 길이와 직물로 제작되어야 합니다. 여성은 반드시 상의 도복 안에 백색 또는 흑색 래시가드를 착용해야 합니다. 남성의 래시가드 착용은 선택사항입니다.

03.02 노기 경기에서는 몸에 달라붙는 적색 또는 청색 래시가드를 착용합니다. 적색과 청색이 섞여 있으면 안 됩니다. 상의는 반팔과 긴팔 모두 가능하나 민소매는 허용되지 않습니다. 바지는 흑색이거나 상의와 동일한 색이어야 하고, 허벅지 중간은 넘으면서 무릎 아래로는 내려가지 않는 길이여야 합니다. 지퍼, 단추 등의 단단한 물질이 없어야 하며, 주머니가 있는 경우 닫혀 있어야 합니다.

03.03 긴 머리카락은 부드러운 머리 끈으로 묶어야 합니다.

03.04 선수들은 신축성 있는 속옷을 입어야 합니다. 무늬나 그림이 없는 검정 압박 레깅스는 착용이 가능합니다. 레깅스는 도복 바지보다 길면 안 되고, 노기에서는 발목 아래로 내려가면 안 됩니다.

03.05 상대 선수가 잡거나 컨트롤 하기에 어려움을 느끼지 않을 정도의 부드럽고 신축성 있는 보호대(무릎, 발목, 어깨, 팔꿈치), 흑색 또는 백색의 신축성 있는 여성용 히잡, 공정하다고 생각되는 수준으로 피부 위에 붙이거나 감는 테이핑은 허용됩니다.

03.06 몸이나 옷 안팎에서 다음의 것들을 제거해야 하고, 이에 관련된 최종 결정은 심판이 내립니다. 장신구, 목걸이, 피어싱, 손

목시계, 액세사리, 헤드기어, 마스크, 안경, 금속이나 상대 선수에게 해를 가할 수 있는 물질이 포함된 용품, 휴대전화, 지갑, 날카로운 물체, 그 밖에 대회 조직위원회에서 위험하다고 판단하는 모든 것들.

03.07 속옷을 착용하지 않거나 상대 선수에게 위해를 가할 수 있는 것을 착용한 경우 실격 처리됩니다.

03.08 모든 선수는 경기 전 복장 검사를 받아야 합니다. 복장이 적절하지 않을 경우 정해진 시간 안에 적절한 의류로 갈아입어야 하고, 이를 이행하지 못할 경우 실격 처리됩니다. 복장 재검사 시에도 문제가 있어 경기가 지연될 경우 선수는 이에 대한 페널티를 받습니다. 허용되지 않는 물체를 지니거나 부착해 심판이 제거를 요청하는 경우 또는 어떠한 이유로든 경기를 지연시킬 경우 페널티를 받습니다. 검사의 최종 결정은 심판이 내립니다.

03.09 선수들은 계체량 시간 전까지 시험 계체를 할 수 있습니다.

03.10 무릎, 팔꿈치 등의 관절에 보호대 또는 보조기를 착용하는 경우 이를 계체량 시에는 제거할 수 있으나 도복 검사 시에는 착용해야 합니다.

03.11 복장이 적절하지 않을 경우 경기가 진행될 수 없으며 경기가 지연될 경우 페널티가 주어질 수 있습니다.

03.12 패치는 면 소재로 제작되어야 하고 도복의 승인된 곳에만 부착될 수 있으며 말끔히 봉합되어야 합니다. 승인된 곳이 아닌 곳에 부착되거나 단단히 고정되지 않은 패치는 도복 검사 시 제거됩니다. 스폰서/브랜드 패치는 도복 바지 전면 하단에 부착할 수 있습니다. 이는 최대 36cm^2 이하로 얇게 제작되어야 합니다.

03.13 선수는 위생 상태가 양호해야 합니다. 손톱과 발톱을 짧게 정리하고 깨끗한 몸 상태를 유지해야 합니다. 피부 부상, 발진, 감염 또는 기타 질병이 있는 경우 이를 의사에게 알려야 하며

의사는 이를 진단 후 선수의 대회 참가 여부를 결정합니다. 경기 매트 밖에서는 신발을 착용해야 합니다. 도복은 깨끗하고 건조되어 있어야 하며 악취가 없어야 합니다.

03.14 선수들은 정해진 시간에 계체량에 임해야 하고 이를 통과해야 합니다. 위생 상태를 청결히 유지하고, 벨트 색깔 또는 래시가드 관련 규정을 준수하며 도복을 단정히 착용합니다. 자신의 나이 또는 벨트에 해당하는 규칙을 준수합니다. 자신의 이름이 호명되면 경기를 준비합니다. 경기장에서는 심판의 지시에 따라야 합니다.

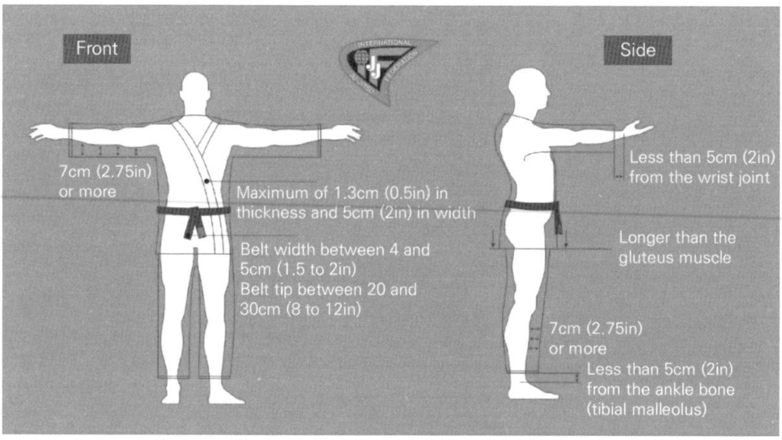

도복 규정: ▲소매통 7cm 이상, ▲라펠 두께 1.3cm 이하, 너비 5cm 이하, ▲벨트 너비 4~5cm, 허리에 감고 남은 길이 20~30cm, ▲손목관절부터 도복까지 5cm 미만의 소매 길이, ▲도복 상의는 엉덩이를 덮어야 함, ▲바지통 7cm 이상, ▲복사뼈부터 도복까지 5cm 미만의 바지 길이.

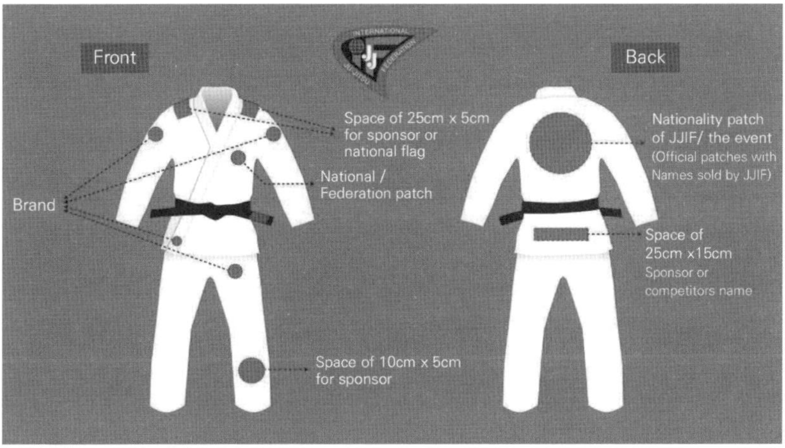

패치 부착 규정: '스폰서 구역'에는 종교적 또는 정치적 표현물 부착이 금지됩니다. 스폰서는 무도 및 스포츠 윤리성에 적합해야 합니다(차별적 표현, 술, 담배 관련 등 불허). 개인스폰서는 JJIF 스폰서와 대치될 수 없습니다(JJIF 스폰서가 우선). '스폰서 구역'에는 JJIF 스폰서 패치만 가능합니다. 벨트 뒷면에는 선수 이름만 기입될 수 있습니다. IWGA 월드게임과 스포트어코드 월드컴뱃게임에서는 어떠한 형태의 광고도 허용되지 않습니다. 상표는 '브랜드' 위치에만 부착 가능합니다.

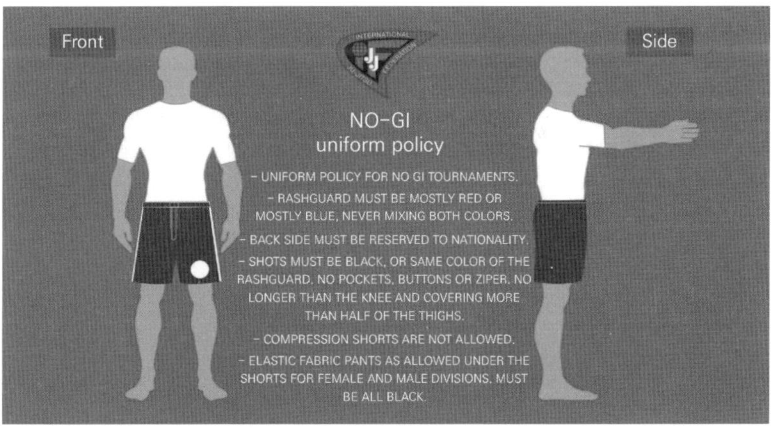

노기 복장 규정: 적색 또는 청색 래시가드를 착용합니다. 적색과 청색이 섞여 있으면 안 됩니다. 등쪽에는 국가명이 표기되어야 합니다. 바지는 흑색이거나 상의와 동일한 색이어야 하고, 허벅지 중간은 넘으면서 무릎 아래로는 내려가지 않는 길이여야 합니다. 주머니, 단추, 지퍼가 없어야 합니다.

제4장 나이 그룹, 경기 시간, 체급 카테고리

04.01 나이 및 체중 카테고리는 JJIF 스포츠 규정(Sporting Code)을 따릅니다.

04.02 경기 시간은 나이 카테고리에 따라 다릅니다.

04.03 경기와 경기 사이에는 최소 5분의 휴식 시간이 주어지고, 다음 경기가 메달 결정전일 경우 최소 10분의 휴식 시간이 주어집니다.

04.04 선수의 나이 그룹은 경기가 열리는 해를 기준으로 결정됩니다. 경기 날짜가 선수의 생일 이전이라고 하더라도 해당 나이 그룹에 위치됩니다. U21 및 성인 카테고리에서는 예외로, 선수는 대회일 기준 만 18세 이상이어야 합니다.

04.05 동일 대회에서는 하나의 나이 카테고리 경기에만 참가할 수 있습니다. 다른 나이 카테고리 경기가 다른 날짜에 있어도 이에 참가할 수 없습니다.

04.06 선수는 하나의 체급에만 참가할 수 있습니다.

성별	남자						여자					
나이 구분	마스터, 성인, U21	U18	U16	U14	U12	U10	마스터, 성인, U21	U18	U16	U14	U12	U10
나이 (단위: 세)	마스터: 35 이상, 성인: 18 이상, U21: 18-20	16-17	14-15	12-13	10-11	8-9	마스터: 35 이상, 성인: 18 이상, U21: 18-20	16-17	14-15	12-13	10-11	8-9
경기 시간	5분	4분	3분	3분	3분	1.5분	5분	4분	3분	3분	3분	1.5분
체급 구분 (단위: kg)	-56	-48	-40	-32	-25	-22	-45	-40	-32	-25	-22	-20
	-62	-52	-44	-36	-28	-25	-48	-44	-36	-28	-25	-22
	-69	-56	-48	-40	-32	-28	-52	-48	-40	-32	-28	-25
	-77	-62	-52	-44	-36	-32	-57	-52	-44	-36	-32	-28
	-85	-69	-56	-48	-40	-36	-63	-57	-48	-40	-36	-32
	-94	-77	-62	-52	-44	-40	-70	-63	-52	-44	-40	-36
	+94	-85	-69	-56	-48	-44	+70	-70	-57	-48	-44	-40
	-	+85	-77	-62	-52	+44	-	+70	-63	-52	-48	+40
	-	-	+77	-69	+52	-	-	-	+63	-57	+48	-
	-	-	-	+69	-	-	-	-	-	+57	-	-

※ U8(남녀 동일): 7세 이하, 경기 시간 1.5분, 체급 구분 없음

제5장 심판

05.01 심판은 경기에서 최고 권위자입니다. 포인트, 어드밴티지, 페널티의 부여와 경기의 결과는 심판이 결정합니다.

05.02 경기 결과는 다음의 경우에만 번복될 수 있습니다. ▲점수 또는 점수판에 오류가 있었던 경우, ▲반칙 기술을 사용하여 승리한 선수가 승자로 선언되었을 경우, ▲정당한 기술을 사용했으나 심판이 금지 기술로 잘못 알고 실격패를 주었을 경우(상대가 탭을 치기 전에 실격을 당한 경우에는 공격자에게 2점을 주고 파이팅 에어리어 중앙에서 스탠딩으로 재개합니다. 심판이 중지시키기 전에 상대가 이미 탭을 친 경우에는 공격자를 승자로 선언합니다).

05.03 심판의 착각으로 판정이 잘못 내려진 경우, 이를 수정하기 위해서는 다음의 사항이 충족되어야 합니다. ▲매트심판과 심판장의 협의, ▲심판장과 대회 본부의 대진표 진행 상황 관련 협의(대진이 다음 단계로 넘어가지 않았을 경우에만 번복 가능), ▲번복 여부의 최종 결정권은 해당 경기 매트심판이 보유.

05.04 심판은 필요시 경기를 중지시킬 수 있습니다.

05.05 심판은 선수들이 매치 에어리어 내에서 경기하도록 관리해야 합니다.

05.06 심판은 U12 이하의 시합에서 선수가 트라이앵클 초크나 클로즈가드 기술로 들어 올려질 경우, 해당 선수의 척추를 보호하기 위해 선수 뒤쪽에 서서 선수가 떨어지면 잡아줄 수 있는 준비를 해야 합니다.

05.07 매트심판은 경기 매트 위에 머물며 경기를 운영하고 선수를 관리합니다.

05.08 두 명의 비디오 심판은 경기를 실시간으로 보면서(비디오 재생 소프트웨어를 통한 추가 판독 포함) 정정이 필요할 경우 무전기를 통해 매트심판과 소통합니다. 두 명의 비디오 심판 중 한 명이라도 매트심판의 의견과 동일하면 정정 없이 그대로 진행합니다. 두 명의 비디오 심판 모두가 매트심판과 의견이 다르다고 동의할 경우 이는 무전기를 통해 매트심판에게 알려지고 매트심판은 제스처를 통해 점수를 정정합니다.

05.09 매트심판은 비디오심판보다 경기를 가까이서 자세히 볼 수 있기에 서브미션 시도에 따른 어드밴티지는 매트심판만 줄 수 있습니다. 비디오심판은 어드밴티지에 대해 제안만 할 수 있습니다. 다른 부분에 있어서는 매트심판과 비디오심판은 동등한 권한을 갖습니다.

05.10 같은 동작에 대한 점수 판단이 심판 세 명 모두 다를 경우 매트심판은 중간의 의견을 채택합니다. 예를 들어, 한 명은 포인트, 한 명은 어드밴티지, 한 명은 점수 없음을 주장할 경우, 중간 의견인 어드밴티지로 최종 판정합니다.

05.11 선수가 메이저 파울 또는 파이널 페널티를 범할 경우, 매트심판은 바로 실격 요청 제스처를 취합니다. 비디오심판 둘 중 한 명이라도 실격에 동의할 경우, 매트심판은 경기를 끝내고 승자를 선언합니다. 비디오심판 둘 다 동의하지 않을 경우 경기는 속개됩니다.

05.12 동점으로 경기가 종료된 경우, 승부는 골든 스코어로 결정됩니다.

05.13 '챌린지 시스템'은 코치가 매트심판에게 제기하는 이의신청입니다. 코치는 이의 제기와 비디오 리뷰 요청을 원할 경우 제자리에 서서 매트심판이 인지할 때까지 자신의 AD 카드를 들어 올리고 있어야 합니다. 매트심판이 챌린지 요청을 승인하기 전에 자리에 앉는 경우 코치의 챌린지 요청은 철회된 것으로 간주됩니다. 매트심판은 챌린지에 의한 경기 중지 전, 선수

들이 먼저 안정적인 포지션을 취할 때까지 기다립니다. 챌린지가 발생할 경우, 매트심판은 비디오 심판에게 경기 장면 리뷰를 요청합니다. 챌린지가 승인될 경우 해당 권리는 계속 남아있고, 거부될 경우 더 이상의 권리는 없습니다. 단, 챌린지를 이미 사용했어도 메달 결정전에서는 새로 챌린지가 가능합니다.

05.14 코치는 이의가 있을 경우 해당 상황에 대해 즉시 챌린지를 요청해야 합니다. 서브미션에 관련된 어드밴티지, 스톨링 파울, 비디오 리뷰가 이미 완료된 사항에 대해서는 챌린지를 할 수 없습니다. 코치는 비디오 리뷰를 원할 때만 매트심판에게 말을 걸 수 있습니다. 심판과 논쟁하거나 심판에게 설명을 요구할 수는 없습니다.

05.15 챌린지를 규정대로 하지 않거나 해당 권리를 이미 사용한 경우 코치의 항의는 받아들여지지 않습니다. 매트심판은 코치가 챌린지 규정을 준수하지 않고 항의나 언쟁을 계속할 경우 코치를 경기장에서 퇴장시킬 수 있습니다.

제6장 경기본부

06.01 경기본부는 매치 에어리어, 선수, 매트심판이 잘 보이는 곳에 위치해야 합니다. 이는 코치, 선수, 관중들과는 최대한 떨어진 매트 반대편에 위치해야 합니다.

06.02 경기본부는 전자 점수판 운영을 담당하는 점수 기록원으로 구성되어야 합니다. 주최자의 재량으로 추가 인력이 배정될 수 있습니다.

06.03 점수판은 심판, 선수, 코치, 관중이 잘 볼 수 있는 곳에 위치되어야 합니다.

06.04 경기본부는 전문성을 갖춰야 하고 심판의 지시에 따라야 합니다.

제7장 제스처와 경기 진행

07.01 선수들은 매트 중앙에서 약 2m 거리를 두고 경기를 시작합니다. 적색 벨트 또는 적색 래시가드를 착용한 선수는 심판의 오른쪽에 위치합니다. 선수들은 먼저 심판에게 고개를 숙여 인사하고, 이어서 상호 간 동일한 방식으로 인사합니다.

07.02 경기는 심판의 "파이트" 구령과 함께 스탠딩 상태로 시작합니다.

07.03 선수는 상대의 몸이나 도복을 잡으면 가드 또는 무릎을 꿇으며 그라운드 자세로 내려갈 수 있습니다.

07.04 선수들은 자세를 바꿔가며 상대를 컨트롤 할 수 있으나, 적극적으로 공격을 시도하거나 더 진전된 포지션을 차지하도록 노력해야 합니다.

07.05 경기는 매치 에어리어 내에서 이루어져야 합니다. 매치 에어리어를 벗어나면 경기를 멈추고 스탠딩 포지션으로 재개합니다.

07.06 선수의 신체 3분의 2가 세이프티 에어리어에 위치하며 고착된 경우, 심판은 경기를 멈추고 매트 중앙에서 동일한 자세로 재개합니다.

07.07 세이프티 에어리어에서 스코어링 동작이 진행되고 있을 경우, 심판은 해당 동작이 마무리 될 수 있도록 기다립니다. 선수가 3초 컨트롤을 완료하면 심판은 경기를 멈추고 점수를 부여한 후 매트 중앙에서 동일한 자세로 재개합니다. 선수가 3초 컨트롤 전에 매치 에어리어 밖으로 벗어나면 심판은 점수 대신 어드밴티지를 부여하고 매트 중앙에서 스탠딩 포지션으로 경기를 재개합니다.

07.08 선수들이 세이프티 에어리어에서 스탠딩 포지션일 경우, 심판은 경기를 멈추고 매트 중앙에서 스탠딩 포지션으로 재개합니다.

07.09 경기를 서브미션 상황으로는 재개하지 않습니다. 경기 종료 후

심판은 승자를 선언합니다. 경기 후 선수들은 상호 간 고개를 숙여 인사하고, 이어서 심판에게 동일한 방식으로 인사합니다.

07.10 심판은 경기를 시작하거나 재개할 때 "파이트"라고 구령합니다.

07.11 심판은 소극적 경기(스톨링)로 인한 경고를 줄 때 "파이트"라고 구령합니다. 심판은 경고 시 손으로 선수를 가리키거나 선수가 심판을 보기 어려운 자세를 취하고 있을 경우 등을 터치해 알립니다. 이후 선수는 10초 동안 더욱 적극적인 움직임이나 진전된 포지션을 취하도록 노력해야 합니다. 10초 후에도 여전히 소극적으로 경기에 임할 경우 심판은 페널티를 부여하고 바로 추가 경고를 줍니다.

07.12 심판은 다음의 상황으로 인해 경기를 멈추거나 끝낼 경우 "스탑"이라고 외칩니다. ▲심판의 판단(도복 정리, 판정 전달, 부상 발생 등), ▲양 선수가 파이팅 에어리어를 벗어나 세이프티 에어리어에 위치하면서 안정적인 포지션을 취하고 있을 경우(경기를 멈추고 파이팅 에어리어 중앙으로 돌아와 같은 자세로 재개), ▲양 선수가 매치 에어리어를 벗어나 있으면서 같은 자세를 취하기 어려운 불안정적인 포지션일 경우(경기를 멈추고 파이팅 에어리어 중앙으로 돌아와 스탠딩으로 재개), ▲부상이나 의식 불명이 발생하는 경우, ▲서브미션의 경우(탭을 치거나, 항복을 표하거나, 비명을 지르거나, 초크로 인해 탭을 칠 수 없는 경우), ▲경기 시간이 종료된 경우.

제8장 스코어링 가이드라인, 포인트, 어드밴티지

주짓수는 서브미션을 얻어내는 것을 목표로 움직이는 선수의 스코어링 동작 진척과 우세한 컨트롤 포지션 점유 정도를 평가합니다. 스코어링 동작과 포지션은 3초간 유지되어야 포인트가 부여됩니다. 3초간 유지하지 못할 경우 어드밴티지가 부여됩니다. 방어 동작에는 포인트가 부여되지 않습니다(가드 없는 하위 포지션에서 뒤집기 등). 포인트나 어드밴티지는 동작이 지배적인 방향으로 진전되는 상황에서 주어지고, (같은 포지션이라고 하더라도) 후퇴하는 상황에서는 주어지지 않습니다. 이에, 심판은 선수들의 동작이 어디에서 시작하고 어디에서 끝나는지 주시해야 합니다. 득점의 여부는 동작의 연속성을 기본으로 판단됩니다. 득점 또는 서브미션을 이루기 위한 동작은 연속적으로 이어져야 합니다. 연속성이 깨진 경우는 공격자의 동작이 명백히 멈추거나 상대의 방어에 막혔을 때입니다.

08.01 포인트는 스코어링 동작 또는 포지션을 3초간 유지했을 때 주어집니다. 심판은 점수를 부여할 선수에 해당하는 색깔 쪽 팔을 들어 점수를 표시합니다. ▲2포인트: 테이크다운, 스윕, 니온벨리, ▲3포인트: 가드패스, ▲4포인트: 풀마운트, 백마운트, 백컨트롤.

08.01.01 스코어링 동작이나 불리한 포지션에서 탈출하기 위해 의도적으로 매치 에어리어를 벗어날 경우 해당 선수에게는 페널티가 주어지고 누적 페널티 룰이 적용됩니다. 상대 선수에게는 2점이 주어집니다. 장외로 도망가기 전 안정적인 자세였다면 매트 중앙에서 같은 자세로 재개하고, 그렇지 않은 경우 스탠

딩으로 재개합니다.

08.01.02 여러 스코어링 동작이 동시에 이루어질 경우 포인트는 누계됩니다. 심판은 복합 포인트 동작에 대하여 한 번의 3초 카운트를 합니다. 3초가 안정적으로 유지될 경우 각 동작에 해당하는 점수를 주고, 그렇지 못할 경우 각 동작에 어드밴티지를 줍니다.

08.01.03 포인트 포지션에 도달했지만 서브미션에 잡혀있을 경우 서브미션에서 탈출해야 3초 카운트가 시작됩니다. 서브미션에 잡힌 채로 스코어링 동작을 취했으나 서브미션을 탈출하면서 해당 스코어링 동작을 유지하지 못할 경우 포인트와 어드밴티지는 없습니다.

08.01.04 스코어링 동작을 취해 3초 카운트가 시작됐으나 상대의 서브미션에 잡히는 경우 카운트는 중지됩니다. 서브미션에서 벗어나거나 경기 시간이 끝난 경우 심판은 각 스코어링 동작에 대한 어드밴티지를 부여합니다. 어드밴티지는 3초 카운트가 진행되던 동작이 아니어도 주어질 수 있습니다. 서브미션에서 벗어나 스코어링 동작을 취하면 3초 카운트가 새로 시작됩니다. 3초 유지에 실패할 경우 어드밴티지가 주어집니다.

08.02 스코어링 동작을 취했으나 3초를 안정적으로 유지하지 못하는 경우 어드밴티지가 주어집니다. 항복, 의식 불명, 부상 등의 리얼데인저를 유발할 수 있는 서브미션에는 어드밴티지가 주어집니다. 어드밴티지는 스코어링 동작을 완수할 수 없거나 서브미션 시도가 실패했을 때 주어집니다.

08.02.01 서브미션에 대한 어드밴티지의 부여 및 취소 권한은 매트심판에게만 있습니다.

08.02.02 경기가 종료되었어도 승자 선언 전이면 합당한 상황이 있는 경우 어드밴티지가 부여될 수 있습니다.

08.02.03 서브미션에 잡힌 채로 스코어링 동작을 취했으나 경기가 끝날 때까지 서브미션에서 빠져나오지 못할 경우 어드밴티지 1개를 받습니다.

제9장 포인트-스코어링 움직임과 포지션

09.01 테이크다운은 스탠딩 상태에서 상대를 (등, 옆구리, 엉덩이가 바닥에 닿도록) 그라운드 바텀 포지션으로 만들거나, 어깨 라인 뒤에서 힙 컨트롤을 하며 상대의 무릎 또는 배가 바닥에 닿도록 만들 때를 의미합니다. 테이크다운 이후 3초간 안정적으로 탑 포지션을 유지할 경우 2점을 부여합니다.

09.01.01 스탠딩 상태에서 상대의 (한쪽이나 양쪽)무릎이나 배를 바닥에 닿게 만들어 3초간 안정적으로 상대의 어깨 라인 뒤쪽에서 힙을 컨트롤하면 점수가 주어집니다. 백컨트롤 혹은 넣지 않아도 됩니다.

09.01.02 상대가 가드풀로 전환하기 전 테이크다운을 하면 테이크다운 점수가 부여됩니다.

09.01.03 상대 선수의 다리나 바지를 잡았을 때 상대가 가드로 내려가는 경우 테이크다운이 됩니다.

09.01.04 상대 선수의 다리나 바지를 잡았을 때 상대가 점핑가드를 시도하면 3초 안에 상대를 등이 닿도록 내려놓아야 테이크다운으로 인정됩니다. 3초 안에 내려놓지 않으면 테이크다운 포인트 또는 어드밴티지가 주어지지 않습니다. 점핑가드가 허용되지 않은 카테고리에서 점핑가드가 발생하면 심판은 경기를 중지시키고 시도자에게는 페널티를, 상대에게는 테이크다운 2점을 부여하고, 경기를 스탠딩으로 재개합니다.

09.01.05 상대가 세이프티 에어리어에 위치할 때 테이크다운을 시도하는 경우 공격은 매치 에어리어 내에서 시작되어야 합니다. 테이크다운 이후 양 선수가 세이

프티 에어리어에 위치할 경우, 심판은 3초 유지 후 경기를 중지시킵니다. 심판은 포인트를 부여하고, 경기를 멈추었을 때와 동일한 자세로 매치 에어리어 중앙에서 재개합니다. 포지션이 안정화되지 못한 경우에는 포인트 대신 어드밴티지가 주어집니다.

09.01.06 상대 선수가 그립을 잡은 상태로 스탠딩 포지션에서 무릎이 닿도록 자세를 낮추면, 스탠딩을 유지하는 선수는 테이크다운 점수를 얻을 수 있습니다. 무릎을 꿇은 선수는 스탠딩 포지션으로부터의 연속성 없이는 테이크다운 점수를 받지 못합니다.

09.01.07 상대가 싱글렉 또는 더블렉 테이크다운을 시도할 때, 카운터 테이크다운을 성공시켜 탑 포지션을 3초간 안정적으로 유지하면 카운터 테이크다운을 시도한 선수에게 점수가 부여됩니다. 카운터 테이크다운이 성공하지 못하면, 테이크다운을 시도한 선수에게 어드밴티지 또는 2점이 부여됩니다. 카운터 테이크다운 동작은 상대에 의해 바닥에 몸이 떨어지기 전에 시작되어야 합니다. 카운터 테이크다운 동작이 시작되기 전 테이크다운이 이루어지면 테이크다운을 시도한 선수에게 어드밴티지가 주어집니다. 그 이후 발생하는 바텀 플레이어의 뒤집기는 카운터 테이크다운이 아닌 스윕으로 간주됩니다.

09.01.08 테이크다운 포인트 또는 어드밴티지가 인정되지 않는 경우: ▲테이크다운 시도가 상대의 가드풀 이후에 이루어지는 경우, ▲스윕을 방어하는 선수가 스탠딩 3초가 지나기 전 다시 상대를 등이나 옆구리가 바닥에 닿도록 만드는 경우, ▲(발이 바닥에 닿지 않도록) 한쪽 혹은 양쪽 훅을 건 스탠딩 백컨트롤을 방어하는 경우, ▲가드가 아닌 자세로 테이크다운이

이루어졌으나 상대가 즉시 뒤집은 경우(테이크다운을 시도한 선수에게는 어드밴티지 부여).

09.01.09 양 선수가 그라운드 공방에서 연속성 없이 스탠딩으로 돌아간 경우 테이크다운 점수가 다시 산정됩니다.

09.02 스윕은 가드에서 연결 동작으로 탑 포지션의 상대를 등, 옆구리, 엉덩이, 무릎, 배가 바닥에 닿게 바텀 포지션으로 만들고 본인이 탑 포지션을 차지해 상대를 어깨 라인 뒤에서 컨트롤하는 동작을 의미합니다. 스윕 후 3초간 안정적으로 탑 포지션을 유지할 경우 2점이 부여됩니다.

09.02.01 스윕을 시도하고 탑 포지션을 취했지만 이를 3초간 안정적으로 유지하지 못한 경우 어드밴티지가 부여됩니다. 스윕으로 상대를 그라운드로 보냈으나 탑 포지션을 차지하지 못한 경우(레벨 체인지가 이루어지지 않은 경우)와 스윕을 통해 탑 포지션을 차지했으나 스스로 가드로 되돌아가는 경우에는 어드밴티지가 주어지지 않습니다.

09.02.02 스윕을 통해 백컨트롤 포지션을 취하고 상대의 (한쪽 또는 양쪽)무릎이 바닥에 닿은 상태에서 한쪽 또는 양쪽 다리 훅을 넣으면 탑 포지션으로의 전환이 인정되고 3초간 안정적으로 유지하면 스윕 점수가 부여됩니다.

09.02.03 시작과 끝이 50/50 가드인 경우에는 스윕으로 인한 어드밴티지가 없습니다. 스윕 후 탑 포지션에서 3초를 유지한 경우 2점이 부여됩니다.

09.02.04 스윕에서 니온벨리, 풀마운트, 또는 백마운트로 연결해 3초를 안정적으로 유지하는 경우 각 스코어링 동작에 대한 추가 점수가 부여됩니다.

09.02.05 가드 포지션에서 스윕을 시도해 스탠딩 포지션이 될 때, 양 선수가 3초간 각자의 발로 서게 되면 스탠딩

공방이 됩니다. 3초 카운트는 한 선수가 두 발을 매트에, 다른 선수가 한 발을 매트에 대면 시작됩니다. 두 선수 모두 무릎을 꿇어서는 안 됩니다. 3초가 지나면 가드의 연속성이 사라진 상태가 되고, 누구든 테이크다운 점수를 획득할 수 있는 상황이 됩니다.

09.02.06 가드의 연속성 없이 바텀 포지션에서 탑 포지션으로 위치가 전환된 경우 스윕으로 인정되지 않습니다.

09.03 가드패스는 탑 포지션의 선수가 가드 플레이를 펼치는 상대의 다리를 지나 상대의 등, 옆구리 또는 엉덩이가 매트에 닿도록 탑 컨트롤을 하는 동작입니다. 가드패스 후 3초간 안정적으로 동작을 유지하면 3점이 부여됩니다.

09.03.01 가드패스에서 니온벨리 또는 풀마운트로 연결해 3초를 안정적으로 유지하는 경우 각 스코어링 동작에 대한 추가 점수가 부여됩니다.

09.03.02 오픈가드 또는 클로즈가드 패스를 시도하거나 스탠딩에서 당겨 하프가드로 바로 전환하는 선수를 상대로 탑 하프가드를 만들었으나 가드패스를 완수하지 못한 경우, 탑 하프가드 컨트롤 포지션을 잃었으므로 어드밴티지가 부여됩니다. 스윕 직후 하프가드가 만들어질 경우 탑 하프가드 컨트롤에 대한 어드밴티지는 없습니다. 가드패스를 성공하면 3점이 주어지고 어드밴티지는 주어지지 않습니다.

09.03.03 가드 플레이어가 가드패스를 피하기 위해 터틀 자세를 취하거나 엎드리거나 돌아서 무릎을 꿇은 경우, 상대에게 어드밴티지가 부여됩니다. 어드밴티지는 가드패스가 완수되지 않았을 때 주어집니다.

09.03.04 가드 플레이어가 롤백에 이어 무릎을 꿇게 되면 패스를 시도한 탑 포지션의 선수는 상대의 어깨 라인 뒤에서 컨트롤을 해야 어드밴티지를 받습니다.

09.03.05 가드가 패스된 상태에서 탑 플레이어의 한쪽 다리가 바텀 플레이어의 다리 사이 또는 앞에 놓여 있고 바텀 플레이어가 가드 포지션에서 다리를 사용해 탑 플레이어를 컨트롤하거나 막는다면 탑 플레이어에게 가드패스 점수가 부여됩니다.

09.03.06 스파이더가드에서 이두근 위에 발을 얹은 경우: 패스를 시도하는 선수가 무릎이나 정강이를 상대의 (힙 라인 위쪽)상체에 올려두어도 자신의 이두근 위에 위치한 바텀 플레이어의 발이 곧게 펴져 있을 경우 여전히 가드에 갇혀있는 것으로 간주됩니다. 이러한 상황에서는 패스 점수가 없습니다. 이두근에 올려진 상대의 다리가 굽어지면, 가드패스 또는 니온벨리에 대한 3초 카운트가 시작될 수 있습니다.

09.03.07 탑 플레이어가 잠깐이라도 패스에 성공해 어드밴티지를 받는다면 가드 포지션의 연속성은 상실됩니다. 이에, 바텀 플레이어가 뒤집기에 성공해도 스윕 점수가 부여되지 않습니다.

09.03.08 시팅가드 중인 상대의 등 뒤로 패스하다가 가슴과 등이 맞닿은 상태로 중간에 동작이 멈추면 어드밴티지가 부여됩니다.

09.04 니온벨리 포지션은 탑 포지션의 선수가 등이나 옆구리를 바닥에 대고 누워있는 상대의 배, 가슴 또는 갈비뼈 위에 한쪽 무릎이나 정강이를 올려둔 상태를 의미합니다. 컨트롤하는 선수는 상대의 다리 쪽이 아닌 머리 쪽을 바라봐야 하고, 반대쪽 무릎은 매트에서 떨어져 있어야 점수가 부여됩니다. 이를 3초간 안정적으로 유지하면 2점이 부여됩니다.

09.04.01 탑 포지션의 선수가 상대 선수의 배, 가슴 또는 갈비뼈 위에 무릎이나 정강이를 올렸으나 반대쪽 무릎이 바닥에 닿아있을 경우 심판은 선수가 득점을

위한 3초 유지를 완수할 수 있는지 지켜봅니다. 점수가 부여되기 전에 또는 경기 시간이 종료될 때까지 자세 유지에 실패한 경우 어드밴티지가 부여됩니다.

09.04.02 니온벨리로 득점한 후에 반대편 다리로 바꿔 다시 동일한 포지션을 취하거나 니온벨리 포지션을 의도적으로 풀었다가 다시 동일한 자세를 취하는 경우 추가 점수가 부여되지 않습니다. 상대의 저항으로 포지션을 잃은 후에 다시 니온벨리 포지션을 취하는 경우 3초 안정화 후에 추가 점수가 부여될 수 있습니다.

09.04.03 풀마운트로 득점한 후에 자의로든 타의로든 니온벨리 포지션을 취할 경우 니온벨리로 인한 점수는 부여되지 않습니다. 상대의 저항으로 인해 사이드컨트롤, 노스사우스, 가드 등의 포지션으로 전환된 경우에는 니온벨리로 인한 점수가 다시 부여될 수 있습니다.

09.05 풀마운트는 탑포지션의 선수가 등이나 옆구리를 바닥에 대고 누워있는 상대의 상체를 다리를 사용해 올라탄 자세를 의미합니다. 이때 양쪽 무릎이 상대의 어깨 라인 아래 쪽에 위치해야 하고, 상대의 한쪽 팔이 몸 아래쪽에 갇혀있어도 됩니다. 탑 플레이어는 양쪽 무릎이 매트에 닿아있어도 되고(클래식 마운트), 한쪽은 무릎 다른 한쪽은 발바닥이 매트에 닿아있어도 됩니다(테크니컬 마운트). 백마운트는 탑포지션의 선수가 배를 바닥에 대고 엎드려 있는 상대의 상체를 다리를 사용해 올라탄 자세를 의미합니다. 이때 양쪽 무릎이 상대의 어깨 라인 아래쪽에 위치해야 하고, 상대의 한쪽 팔이 다리 사이에 끼어 있어도 됩니다. 풀마운트 또는 백마운트를 3초간 안정적으로 유지하면 4점이 부여됩니다.

09.05.01 풀마운트와 백마운트는 서로 다른 포지션입니다. 이들은 가장 높은 점수의 포지션인 백컨트롤과 동등한 수준으로 인정됩니다. 풀마운트 또는 백마운트 포지션을 취할 때마다 4점이 각각 부여됩니다.

09.05.02 선수가 상대의 양쪽 팔을 몸 아래에 가둬 풀마운트 또는 백마운트를 시도하면 심판은 탑포지션 선수가 득점 동작까지 연결하는지 살펴봅니다. 점수가 부여되기 전에 자세 유지에 실패하거나 도중에 경기 시간이 종료된 경우 어드밴티지가 부여됩니다.

09.05.03 풀마운트 또는 백마운트로 득점한 후에 해당 포지션을 의도적으로 풀었다가 다시 동일한 자세를 취하는 경우 추가 점수가 부여되지 않습니다. 상대의 저항으로 포지션을 잃은 후에 풀마운트 또는 백마운트 포지션을 다시 취하는 경우에는 3초 안정화 후에 추가 점수가 부여될 수 있습니다.

09.06 백컨트롤은 상대의 뒤에서 양쪽 발꿈치를 컨트롤 훅으로 사용해 상대의 골반 앞쪽 또는 다리 안쪽을 컨트롤하는 포지션입니다. 이때 상대의 한쪽 팔을 다리로 가두어도 되나, 훅은 어깨 라인 아래쪽에 위치해야 합니다. 백컨트롤하는 선수의 다리가 교차된 경우 점수가 부여되지 않습니다. 안정적으로 3초가 유지되면 4점이 부여됩니다.

09.06.01 백컨트롤을 시도하며 한쪽만 훅을 걸거나, 다리를 교차하거나, 바디 트라이앵글을 걸거나, 훅 안쪽에 상대의 양팔을 가두는 경우 심판은 백컨트롤이 득점 동작까지 연결되는지 살펴봅니다. 3초 자세 유지에 실패하거나 도중에 경기 시간이 종료된 경우 어드밴티지가 부여됩니다.

09.06.02 백컨트롤로 득점한 후에 동일한 포지션으로 다시 득점하려면 전혀 다른 포지션을 취한 후 돌아와야 합

니다. 훅을 잠깐 뺐다가 다시 걸어도 추가 점수나 어드밴티지는 부여되지 않습니다.

- 가드란 상체를 제압하려 들어오는 탑 포지션의 선수를 한쪽 혹은 양쪽 다리를 사용해 컨트롤하거나 막는 동작을 의미합니다. 다리가 어떤 형태로든 상대 선수와의 사이에 위치해 있으면 되고, 상대와 맞닿아 있지 않아도 됩니다(예: 시팅가드 선수와 스탠딩인 선수). 가드로부터 연결 동작 없이 무릎을 꿇거나 스탠딩 포지션을 취하면 더 이상 가드로 판단하지 않습니다. 가드 포지션으로부터 연결 동작이 없다면 스윕이나 가드패스 점수가 없습니다.
- 탑 하프가드 컨트롤은 탑 플레이어가 상대의 하프가드에 한쪽 다리가 물린 채로 상대의 상체를 컨트롤하는 동작을 의미합니다. '네가티브 하프가드' 포지션은 탑 하프가드 컨트롤로 인정되지 않습니다.
- 백컨트롤이 점수로 이어지지 않는 경우 다리를 교차하거나, 바디 트라이앵글을 걸거나, 훅 안쪽에 상대의 양팔을 가두면 어드밴티지가 부여됩니다.

제10장 서브미션

10.01 나이 카테고리별 금지 기술과 벨트별 금지 기술은 뒤쪽에 따로 정리되어 있습니다. 다음은 U18 이상의 오픈 랭크 경기(벨트 구분 없는 경기)에서 사용 가능한 서브미션입니다. ▲모든 형태의 초크(맨손 또는 손가락으로 목을 조르는 행위는 금지), 얼굴에 거는 초크, ▲어깨나 팔꿈치를 돌리거나 비트는 공격, ▲리스트락, 스트레이트 앵클락, 바이셉스락, 카프락, 니바, 토우홀드, 에스티마락. 측면 또는 회전 레그락은 U21과 어덜트 노기 경기에서만 가능합니다(힐훅, Z락, 사이드니바, 레그리핑, 리버스 토우홀드, 아오키락 등). 직접적인 목 공격(넥락)과 척추 공격(스파인락)은 금지입니다. 단, U18 이상의 경기에서 초크를 동반한 목조르기는 허용됩니다.

10.02 선수가 (손, 발 등의)신체 또는 구두로 경기 중단 요청 신호를 보내면 경기는 즉시 중단됩니다. 다음은 경기가 중단되는 상황입니다. ▲선수가 손으로 상대 선수, 바닥 또는 자기 자신을 두드릴 때, ▲선수가 손을 사용할 수 없는 상황에서 발로 바닥을 두드릴 때, ▲선수가 구두로 경기 중단을 요청하거나, '탭'이라고 외치거나, 기타 다른 소리를 내며 항복을 표할 때, ▲선수가 서브미션에 걸린 상태에서 소리를 지르거나 끙끙대거나, 고통을 호소하는 소리를 내는 경우, ▲상대의 합법적인 공격 또는 정당한 기술에 의해 의식을 잃는 경우. 의식을 잃은 경우 선수는 남아있는 다른 경기에 참여할 수 없습니다. 이러한 일이 발생하면 심판은 심판장에게 알려야 합니다. 16세 이하 부문 경기에서는, 공격당하는 선수가 신체 또는 구두로 항복을 표하지 않더라도 심판이 위험한 상황이라고 판단하면 경기를 멈추고 공격자를 승자로 선언할 수 있습니다.

10.03 시도한 서브미션이 항복, 기절, 부상과 연결될 수 있는 리얼데인저에 해당하는 경우 어드밴티지가 부여됩니다. 어드밴티지는 서브미션이 완전히 방어되었을 때 부여됩니다.

10.04 서브미션 시도가 세이프티 에어리어 내에서 이루어질 경우 심판은 경기를 중지하지 않습니다.

10.05 서브미션이 성공한 경우 경기는 중단되고 서브미션 시도자는 승자로 선언됩니다. 심판은 이긴 선수에 해당하는 쪽의 팔을 손바닥이 전면을 향하게 들어 표합니다.

10.06 서브미션 발생 상황에서 둘 중 어느 선수든 세이프티 에어리어를 벗어나게 되면 심판은 경기를 중지하고 서브미션을 시도한 선수에게 2점을 부여합니다. 이후 경기는 스탠딩으로 재개됩니다.

10.07 공격을 당하는 동안 정당한 방어 동작 없이 매치 에어리어를 의도적으로 벗어나면 실격 처리됩니다.

10.08 서브미션 시도자의 움직임으로 인해 (고의성 없이)파이팅 에어리어를 벗어나게 되면 심판은 경기를 멈추고 (2점이 아닌)어드밴티지를 부여할 수 있습니다. 경기는 스탠딩 포지션으로 재개됩니다.

10.09 서브미션 시도자가 고의로 매치 에어리어를 벗어난 경우 포인트나 어드밴티지는 부여되지 않습니다. 해당 선수에게는 페널티가 주어지고 경기는 스탠딩으로 재개됩니다.

제11장 파울 및 금지행위

선수가 마이너 파울을 범했을 경우 심판은 (파울을 범한 선수에 해당하는 쪽)주먹을 쥐고 어깨 위로 들어 올려 페널티가 부여됐음을 표합니다. U18 이상 경기의 페널티 체계는 다음과 같습니다. ▲1번째 마이너 파울: 페널티 부여, ▲2번째 마이너 파울: 페널티 부여, 상대 선수에게 어드밴티지 부여, ▲3번째 마이너 파울: 페널티 부여, 상대 선수에게 2점 부여, ▲4번째 마이너 파울: 실격 처리, 상대 선수를 승자로 선언. 소극적 플레이로 인해 양 선수에게 동시에 3번째 페널티를 부여한 경우 심판은 경기를 스탠딩으로 재개합니다. U16 이하 연령대 경기의 페널티 체계는 다음과 같습니다. ▲4번째, 5번째 페널티: 페널티 부여, 상대 선수에게 2점 부여, ▲6번째 페널티: 실격 처리.

11.01 다음은 페널티가 주어지는 마이너 파울 상황입니다.

11.01.01 수동적 움직임 또는 스톨링은 포지션 진전을 위해 노력하지 않는 상태를 의미합니다. ▲한 선수 또는 양 선수가 스탠딩 포지션에서 10초 동안 동작에 진전을 보이지 않을 경우 심판은 경기를 멈추고 해당 선수(들)에게 페널티를 부여한 후 "파이트"라고 외칩니다. ▲그라운드 상황에서 소극적 플레이가 이어질 경우 심판은 해당 선수 또는 양 선수를 가리키며 "파이트"라고 외치고 10초 카운트를 시작합니다. 10초 후에도 같은 상황이 지속될 경우 심판은 공격자에게 페널티를 부여합니다. 소극적 플레이가 멈추고 공방이 시작될 경우 심판은 점수를 수정할 때의

모션처럼 손을 흔들어 카운트 정지를 표합니다. ▲선수가 심판의 해당 제스처를 보지 못하는 경우 심판은 선수를 터치합니다. ▲풀마운트, 백마운트, 백컨트롤 상황에서는 소극적 플레이를 문제 삼지 않습니다. ▲강하게 컨트롤 당하는 중이거나, 서브미션을 방어하는 중이거나, 점수를 뺏기지 않으려 방어 중인 선수에게는 소극적 플레이를 문제 삼지 않습니다.

11.01.02 더블가드풀 상황이 발생하면(양 선수가 스탠딩 또는 무릎 꿇은 상태에서 동시에 가드 포지션을 취하는 경우) 심판은 20초 카운트를 시작합니다. ▲양 선수가 카운트가 끝날 때까지 더블가드풀 상태를 계속 유지하는 경우, 심판은 경기를 중단하고 양 선수에게 페널티를 부과합니다. 경기는 스탠딩 포지션으로 재개됩니다. ▲먼저 탑 포지션을 취하는 선수에게 어드밴티지가 부여되고 경기는 속행됩니다. ▲한 선수가 스코어링 포지션을 취할 경우, 경기는 속행됩니다. ▲한 선수가 득점이나 서브미션을 시도 중인 경우 심판은 20초가 지나더라도 경기를 중단하지 않고 공격의 성공 여부를 지켜봅니다. 공격이 실패해 다시 더블가드풀 상황이 되는 경우 양 선수 모두에게 페널티가 부과되고 경기는 스탠딩 포지션으로 재개됩니다.

11.01.03 50/50 라펠(또는 벨트) 가드 상황에서는 20초 카운트가 시작됩니다. 스윕이나 다른 가드로의 전환이 없다면 심판은 선수의 적극적 움직임 여부와 상관없이 페널티를 부여합니다. 스윕이 이루어진 후 선수가 상대의 벨트 또는 라펠을 놓으면 심판은 카운트다운을 멈춥니다. 심판이 카운트를 시작한 후에

선수가 라펠 또는 벨트를 놓아도 50/50 가드 상태라면 카운트는 멈추지 않고 계속됩니다.

11.01.04 매치 에어리어를 벗어나거나, 기술적인 공격 없이 상대를 단순히 밀기만 하거나, 매치 에어리어를 돌기만 하거나, 상대와의 공방을 거부하는 경우(마이너 파울입니다).

11.01.05 고의적으로 손이나 발을 상대의 얼굴에 대는 경우(마이너 파울입니다).

11.01.06 그립 없이 그라운드로 내려가 무릎을 꿇거나 가드 포지션을 취하는 경우(마이너 파울입니다). 이러한 상황이 발생하면 심판은 경기를 멈추고 해당 선수에게 페널티를 주고 스탠딩 포지션으로 경기를 재개합니다.

11.01.07 그라운드 공방에서 탈출 후 다시 공방 상황에 임하는 것을 거부하는 경우(마이너 파울입니다).

11.01.08 상대의 도복 소매 안쪽 또는 바짓단 안쪽을 잡는 경우(마이너 파울입니다). 엄지손가락 끝이 안쪽으로 들어가고 다른 손가락들이 바깥쪽으로 나오는 형태의 그립은 허용됩니다. 도복 바지의 허리밴드를 잡는 것도 허용됩니다.

11.01.09 상대의 도복 안쪽으로 손을 통과시켜 그립을 잡아 컨트롤하는 경우(마이너 파울입니다).

11.01.10 풀어진 벨트를 사용해 기술을 시도하는 경우(마이너 파울입니다).

11.01.11 상대의 벨트나 목 근처 깃 안쪽에 고의적으로 발을 넣는 경우(마이너 파울입니다).

11.01.12 그립을 잡지 않고 도복 라펠 안쪽에 고의적으로 발을 넣거나 상대를 매트에 붙여두기 위해 상대선수 도복 상의를 발로 밟는 경우(마이너 파울입니다).

11.01.13 노기 경기에서 자신 또는 상대의 래시가드, 쇼츠, 레깅스 등의 옷을 잡을 경우(마이너 파울입니다).

11.01.14 자신의 차례가 되었을 때 경기에 임할 준비가 되지 않아 시간이 지연되거나 도복을 고쳐 입는 데에 시간이 많이 소요되는 경우(마이너 파울입니다). 이에는 다음의 상황이 포함됩니다. 잘못된 복장을 착용하거나, 금지 물품을 착용 또는 소지하거나, 벨트를 풀거나, 도복을 풀어 헤치거나, 히잡을 벗거나, 벨트나 바지 끈을 묶는 데에 각 20초 이상 소요되거나, 도복 검사 결과 복장을 교체해야 하는 경우.

11.01.15 경기 중 심판, 상대 선수, 코치, 관중 등에게 말을 하는 경우(마이너 파울입니다). 의료 또는 안전 관련 사항, 도복 관련 사항, 심판의 질문에 답을 하는 상황은 예외적으로 말을 할 수 있습니다.

11.01.16 심판의 지시에 따르지 않거나, 실격 처리될 정도로 심각하지는 않으나 스포츠맨십에는 어긋나는 행동을 하는 경우(마이너 파울입니다).

11.01.17 스코어링 포지션 또는 불리한 포지션을 피하기 위해 매치 에어리어를 고의적으로 벗어나는 경우(마이너 파울입니다). 이러한 경우 누적 페널티 룰을 적용하고, 상대에게는 2점이 주어집니다. 매트를 벗어나기 전 다시 재현할 수 있는 안정적인 포지션일 경우 경기는 매트 중앙에서 동일한 포지션으로 재개되고, 안정적이지 않은 포지션일 경우 매트 중앙에서 스탠딩으로 재개됩니다. 상황에 맞으면 어드밴티지가 주어질 수 있습니다.

11.01.18 경기 종료 후 승자가 선언되기 전에 매치 에어리어를 벗어나는 경우(마이너 파울입니다).

11.01.19 U16 이하 경기에서 점핑가드 또는 점핑 서브미션이

시도되는 경우(마이너 파울입니다). 이러한 경우 페널티가 주어지고 경기는 스탠딩으로 재개됩니다. 규칙 9.1.4에 따라, 상대 선수에게 2점이 주어집니다.

11.01.20 우월감을 드러내는 몸짓, 춤, (페널티 또는 실격 처리될 정도로 심각하지는 않으나)스포츠맨십에 어긋나는 태도는 (경기 도중 그리고 승자가 선언되기 전까지)부적절한 행동으로 간주됩니다.

11.01.21 서브미션 시도자가 마이너 파울을 범하는 경우 심판은 경기를 중지하고 해당 선수에게 페널티를 부과하고 스탠딩으로 경기를 재개합니다. 서브미션 방어자가 마이너 파울을 범하는 경우 심판은 경기를 중지하고 해당 선수를 실격 처리합니다.

11.01.22 상대가 서 있거나 상대의 다리가 갇힌 상황에서, 공격자의 발이 상대 선수의 허벅지 뒤로부터 엉덩이를 넘어 몸통 전면 중앙까지 이동하는, 다리 교차에 의한 부분적 니리핑(아시가라미)의 경우(마이너 파울입니다). 다리가 서브미션으로 공격당하지는 않은 경우 (실격이 아닌)페널티가 부과됩니다. 심판은 경기를 멈추고, 리핑 레그를 정상적인 위치로 이동시키고, 페널티를 부과하고, 경기를 재개합니다. 단, 노기 경기의 U21과 어덜트 부문에서는 허용됩니다.

11.01.23 의도치 않게 상대를 불법적 포지션에 위치시키는 경우(마이너 파울입니다).

11.02 다음은 디서플리너리 메이저 파울 상황입니다. 메이저 파울을 범하는 선수는 자동으로 실격 처리됩니다. 추가 제재도 가해질 수 있습니다.

11.02.01 경기 전, 중, 후에 상대 선수, 대회 본부, 스텝, 심판, 관중을 향해 욕설을 하거나 모욕적 행동을 취하는 경우(메이저 파울입니다).

11.02.02 경기 전, 중, 후에 상대 선수, 대회 본부, 스텝, 심판, 관중을 향해 적대적인 행동을 취하는 경우(메이저 파울입니다).

11.02.03 물거나, 머리카락을 잡아당기거나, 생식기나 눈에 압력을 가하거나, (주먹, 팔꿈치, 무릎, 머리, 다리 등으로)가격할 경우(메이저 파울입니다).

11.02.04 경기 전, 중, 후에 상대 선수, 대회 본부, 스텝, 심판, 관중을 향해 구두로 또는 몸짓으로 무례를 범하는 경우(메이저 파울입니다).

11.02.05 선수가 경기에 진지하게 임하지 않고 하는 척만 하는 경우(메이저 파울입니다).

11.02.06 경기 전, 중, 후에 스포츠맨십에 어긋난 태도를 보이거나 위법적 행위를 하는 경우(메이저 파울입니다).

11.03 다음은 테크니컬 메이저 파울 상황입니다. 이를 범한 선수는 실격 처리됩니다.

11.03.01 상대에게 부상을 입힐 의도를 갖고 움직이거나, 상대에게 심각한 부상을 입힐 수 있는 위험이 명백함에도 불구하고 이를 무시하고 움직이는 경우(메이저 파울입니다).

11.03.02 서브미션 공격을 받는 상황에서 고의로 매치 에어리어를 벗어나는 경우(메이저 파울입니다).

11.03.03 초크 없이 상대의 목이나 척추에 위험할 정도의 서브미션 기술을 가하는 경우(메이저 파울입니다). 바텀 포지션에서 탑 플레이어의 자세를 깨기 위해 상대의 목이나 머리를 당기는 행위는 목에 대한 공격으로 간주되지 않습니다.

11.03.04 가드, 백컨트롤 또는 서브미션을 시도 중인 상대를 들어 올려 매트에 내리찍는 경우(메이저 파울입니다). 상대를 들어 올린 경우 바닥에 내려찍지 않도록 조

심해야 합니다. 고의성 여부는 고려되지 않습니다.

11.03.05 선수가 도복 안에 적절한 속옷을 입지 않은 경우 (메이저 파울입니다).

11.03.06 상대의 손가락 또는 발가락에 락을 시도하는 경우 (메이저 파울입니다).

11.03.07 상대의 머리 또는 목을 바닥에 찍는 수플렉스, 테이크다운, 카운터 테이크다운 등을 시도한 경우(메이저 파울입니다).

11.03.08 맨손으로 상대 목을 감싸 한 손 또는 양손으로 조르거나, 손가락으로 상대의 호흡기관에 압력을 가하거나, 손으로 상대의 코나 입을 막아 호흡을 차단하는 경우(메이저 파울입니다).

11.03.09 상대의 무릎을 돌리거나 측면에서 힘을 가해 레그락을 시도하는 경우(메이저 파울입니다). 단, 노기 경기의 U21과 어덜트 부문에서는 허용됩니다.

11.03.10 상대의 무릎을 돌리거나 바깥에서 안쪽으로 측면 압력을 가하는 니리핑을 시도하는 경우(메이저 파울입니다). ▲상대의 다리가 고정된 상태에서 공격자의 다리가 상대의 상체 중앙을 넘는 경우, ▲상대의 다리가 고정된 상태에서 서브미션을 시도하는 중에 공격자의 다리가 상대의 상체 중앙 앞쪽에 위치하는 경우. 단, 노기 경기의 U21과 어덜트 부문에서는 허용됩니다.

11.03.11 의도적으로 상대를 반칙적 포지션으로 만들어 실격을 유도하는 경우(메이저 파울입니다).

11.03.12 경기에 영향을 줄 수 있는 크림, 연고, 화장품, 미끄러운 물질 등을 몸에 바르는 경우. 얼굴 화장 또는 머리 염색으로 인해 상대의 도복에 얼룩이 생기는 경우(메이저 파울입니다).

11.03.13 심판이 도복 교체를 지시했으나 이를 정해진 시간 내에 완수하지 못하는 경우(메이저 파울입니다).

- 실격을 표할 때 심판은 양 주먹을 쥐고 머리 위로 들어 올려 팔을 교차시킵니다. 이후 실격된 선수를 가리킨 후 상대 선수를 승자로 선언합니다.
- 니리핑 가이드
  1) 메이저 파울로 인한 실격(노기 경기의 U21과 어덜트 부문에서는 허용): 상대 선수가 그라운드 상태에서 일어나면서 의도치 않게 본인의 다리가 상대의 상체 중앙을 넘어가게 된 경우 해당 불법적 포지션을 바로 풀어야 합니다. 그렇지 않으면 바로 실격 처리됩니다(U18, U21, 어덜트, 마스터 부문). U16 이하 경기에서는 파울 판정 대신 오픈가드로 재개됩니다. 해당 자세가 스윕에서 출발해 만들어졌다면 심판은 개입 전 3초를 기다립니다.
  2) 마이너 파울로 인한 페널티(노기 경기의 U21과 어덜트 부문에서는 허용): 상대가 서 있거나 상대의 다리가 갇힌 상황에서 다리 교차에 의한 부분적 니리핑 시(발이 상대 몸의 중심을 넘지는 않고 앞쪽에 위치), 심판은 경기를 멈추고 리핑 레그를 정상적인 위치로 이동시키고, 페널티를 부과하고, 경기를 재개합니다.
  3) 합법(노 파울): 레그락이 몸의 중심을 벗어나 바깥쪽에서 이루어지는 경우, 레그락이 상대의 무릎 아래쪽에서 이루어지는 경우, 레그락이 상대의 다리가 공중에 떠 있는 자유로운 상태에서 이루어지는 경우, 교차된 다리가 풀렸을 때 다른 쪽 다리에 레그락을 시도하는 경우.

오픈 랭크에서의 금지/허용 기술					기술 설명	벨트별 금지/허용 기술						
기 & 노기		기	노기			기 & 노기				기	노기	
U12 이하	U14, U16	U18, U21, 어덜트, 마스터	U18, 마스터	U21, 어덜트		U12 이하	U14, U16	흰띠 (U18 이상)	파란띠, 보라띠	갈색띠, 검정띠	갈색띠 마스터, 검정띠 마스터	갈색띠 어덜트, 검정띠 어덜트
X	O	O	O	O	01. 양 다리를 벌리는 서브미션(바나나스플릿)	X	O	O	O	O	O	O
X	X	O	O	O	02. 척추 압박(스파이널락)이나 목 꺾기(넥크랭크)와 동시에 일어나는 초크(노암트라이앵글 초크, 노스사우스 초크, 헤드시저스 초크 등)	X	X	O	O	O	O	O
X	X	O	O	O	03. 암트라이앵글 초크 및 카타가타메 변형 기술(아나콘다 초크, 다스 초크, 버기 초크 등)	X	X	O	O	O	O	O
X	X	O	O	O	04. 깃을 사용하지 않는 프론트 헤드락 초크(길로틴 초크)	X	X	O	O	O	O	O
X	X	O	O	O	05. 소매를 사용하는 포어암 초크(이지키엘 초크)	X	X	O	O	O	O	O
X	X	O	O	O	06. 다리를 사용하는 회전 숄더락(오모플라타, 바라토플라타 등)	X	X	O	O	O	O	O
X	X	O	O	O	07. 상대의 머리를 당기며 거는 트라이앵글 초크	X	X	O	O	O	O	O
X	X	O	O	O	08. 스트레이트 앵클락(발목을 직선으로 또는 바깥쪽으로 비틀어 꺾기)	X	X	O	O	O	O	O
X	X	O	O	O	09. 가드를 활용해 상대의 몸통 또는 갈비뼈를 압박하는 락	X	X	O	O	O	O	O
X	X	O	O	O	10. 모든 종류의 리스트락	X	X	X	O	O	O	O
X	X	O	O	O	11. 공격자의 머리가 상대의 몸통을 벗어나 바깥쪽으로 빠진 상태로 이루어지는 싱글렉 테이크다운(파울 아님,	X	X	X	O	O	O	O

오픈 랭크에서의 금지/허용 기술					기술 설명	벨트별 금지/허용 기술						
기 & 노기		기	노기			기 & 노기				기	노기	
U12 이하	U14, U16	U18, U21, 어덜트, 마스터	U18, 마스터	U21, 어덜트		U12 이하	U14, U16	흰띠 (U18 이상)	파란띠, 보라띠	갈색띠, 검정띠	갈색띠 마스터, 검정띠 마스터	갈색띠 어덜트, 검정띠 어덜트
					스탠딩으로 재개)							
X	X	O	O	O	12. 점핑 클로즈가드, 플라잉 서브미션(마이너 파울: 페널티 부여, 스탠딩으로 재개)	X	X	X	O	O	O	O
X	X	O	O	O	13. 바이셉 슬라이서, 카프 슬라이서	X	X	X	X	O	O	O
X	X	O	O	O	14. 스트레이트 니바	X	X	X	X	O	O	O
X	X	O	O	O	15. 안쪽으로 비트는 앵클락(토우홀드, 에스티마락, 코크스크류 등)	X	X	X	X	O	O	O
X	X	O	O	O	16. 안쪽으로 비트는 스트레이트 앵클락(공격하지 않는 다리 쪽으로 회전하면서 공격)	X	X	X	X	O	O	O
X	X	X	X	O	17. 힐훅(인사이드 또는 아웃사이드)	X	X	X	X	X	X	O
X	X	X	X	O	18. 무릎에 회전으로(트위스트) 또는 측면에서 힘을 가하는 레그락	X	X	X	X	X	X	O
X	X	X	X	O	19. ①실격 상황: 서브미션 중 발생하는 풀 니리핑(발이 상대 몸의 중앙을 넘어감), 상대의 발이 바닥에 닿아있거나 고정된 상태에서 일어나는 풀 니리핑(발이 상대 몸의 중앙을 넘어감), 서브미션 중 발생하는	X	X	X	X	X	X	O

오픈 랭크에서의 금지/허용 기술					기술 설명	벨트별 금지/허용 기술						
기 & 노기		기	노기			기 & 노기				기	노기	
U12 이하	U14, U16	U18, U21, 어덜트, 마스터	U18, 마스터	U21, 어덜트		U12 이하	U14, U16	흰띠 (U18 이상)	파란띠, 보라띠	갈색띠, 검정띠	갈색띠 마스터, 검정띠 마스터	갈색띠 어덜트, 검정띠 어덜트
					부분적 니리핑(발이 상대 몸의 앞에 위치) ②마이너 파울 상황(다리를 풀고 페널티 부여): 상대의 발이 고정되어 있거나 바닥에 닿아있는 상태에서 일어나는 부분적 니리핑(발이 고정되어 있지 않으면 위험성이 낮기 때문에 파울이 아님)							
X	X	X	X	O	20. 바깥쪽으로 돌리는 앵클락(리버스 토우홀드, 아오키락 등)	X	X	X	X	X	X	O
X	X	X	X	X	21. 가드, 백컨트롤, 서브미션 또는 그 외 그라운드에서 엉킨 상태에서 상대를 바닥에 내리찍는 행위(슬램)	X	X	X	X	X	X	X
X	X	X	X	X	22. 초크 없이 시도하는 척추 압박(스파이널락)이나 목 꺾기(넥크랭크)	X	X	X	X	X	X	X
X	X	X	X	X	23. 시저스 테이크다운, 카니바사미, 카네수테	X	X	X	X	X	X	X
X	X	X	X	X	24. 손가락 접거나 비틀기	X	X	X	X	X	X	X
X	X	X	X	X	25. 싱글렉 테이크다운을 시도하며 바깥쪽으로 나온 상대의 머리를 바닥에 내리찍는 경우(헤드 스파이킹)	X	X	X	X	X	X	X
X	X	X	X	X	26. 수플렉스 또는 기타 테이크다운 시 상대의 머리를 바닥에 내리찍는 경우	X	X	X	X	X	X	X

제12장 경기 결과의 결정

경기의 승자는 다음의 방식으로 결정됩니다.

12.01 서브미션: 기술을 성공적으로 사용해 상대가 신체로 또는 구두로 항복을 표하거나 의식을 잃은 경우, 승자로 선언됩니다.

12.02 포인트: 경기 시간이 종료되었을 때, 더 높은 점수를 획득한 선수가, 동점일 경우 어드밴티지를 더 많이 획득한 선수가, 획득한 점수와 어드밴티지가 동일한 경우 페널티가 더 적은 선수가 승자로 선언됩니다.

12.03 실격: (디서플러너리 또는 테크니컬)메이저 파울을 범하거나 마지막 페널티가 부여된 경우 상대를 승자로 선언합니다. 경우에 따라 양 선수가 동시에 실격되어 승자가 없을 수도 있습니다.

12.04 골든스코어: 경기가 종료되었을 때 점수, 어드밴티지, 페널티가 모두 동일한 경우 다음의 방법으로 연장전에 들어갑니다.

12.04.01 시간제한은 없으며 경기는 다음의 상황이 발생할 때까지 진행됩니다. ▲한 선수가 서브미션으로 승리를 거두었을 때, ▲한 선수가 점수 또는 어드밴티지를 받을만한 기술을 시도했을 때, ▲한 선수가 페널티를 받았을 때(상대 선수를 승자로 선언), ▲한 선수가 경기를 더 이상 계속할 수 없을 때.

12.04.02 한 선수가 어드밴티지 이상을 얻을 경우 심판은 포인트 발생까지 기다리지 않고 경기를 종료합니다. 양 선수에게 어드밴티지 또는 포인트가 부여되는 상황에서는 이를 먼저 획득한 선수가 승자가 됩니다.

12.04.03 심판은 골든스코어 경기가 진행 중일 때는 소극적 플레이에 대해 더욱 엄격하게 주의를 줍니다. 소극적 플레이로 인해 양 선수에게 동시에 페널티가 주어지는 경우에는 경기를 멈추지 않고 속행합니다.

제13장 부전승 및 기권

13.01 다음의 경우 '부전승' 승자로 선언됩니다. ▲상대 선수가 경기에 출전하지 않겠다고 대회 본부에 알리거나, ▲상대 선수가 3분 동안 3회 호출에도 불구하고 매치 에어리어에 나타나지 않거나, ▲상대 선수가 의료적 이유 또는 디서플러너리 파울로 남은 경기에 참가가 금지된 경우.

13.02 다음의 경우 '기권승' 승자로 선언됩니다. ▲상대 선수가 경기 중 심판에게 기권 의사를 밝히는 경우, ▲상대 선수가 총 의료시간 2분을 모두 소진하는 경우, ▲상대 선수가 의학적으로 경기를 지속할 수 없다고 판단 받은 경우(부상 또는 의료적 사안에 대한 조치 및 그에 따르는 결정은 공식 의료진의 고유 권한임), ▲상대 선수가 근육 경련으로 인해 경기 중단을 요청하는 경우(의료시간 부여되지 않음).

제14장 부상 및 사고

14.01 경기가 부상으로 인해 중단되는 경우 심판은 해당 선수에게 총 2분의 진료 및 치료 시간을 허용합니다. 부상 당한 선수가 의료시간 2분을 모두 소진할 경우, 기권패 처리됩니다.

14.02 의료시간은 심판의 지시에 따라 시작되고 종료됩니다.

14.03 선수가 경기를 속행할 수 없는 경우 심판은 다음 사항을 고려하여 결정을 내립니다. ▲부상의 원인이 선수 본인에게 있는 경우 해당 선수는 패배 처리됩니다. ▲부상이 누구 때문에 발생했는지 판단할 수 없는 경우 부상당한 선수가 패배 처리됩니다. ▲부상이 상대 선수의 금지행위로 인해 발생한 경우 반칙을 범한 선수가 패배 처리됩니다.

14.04 경기 중 컨디션 이상(질병 등)으로 인해 경기를 속행할 수 없는 경우 기권패 처리됩니다.

14.05 선수의 경기 속행 여부는 공식 의료진의 결정에 따릅니다.

14.06 경기 중 선수가 의식을 잃는 경우 경기는 즉시 중단됩니다. 선수는 해당 대회의 남은 경기에 출전할 수 없습니다.

14.07 선수가 근육 경련으로 인해 경기 중단을 요청하는 경우 상대 선수가 승자로 선언됩니다.

14.08 경기 중 선수가 구토를 하거나 소변이나 대변 등의 기본적 신체 기능을 통제하지 못할 경우 해당 선수는 패배 처리됩니다. 경기 도중 생리로 인해 출혈이 발생하는 경우, 적당한 시간 내에 새 속옷과 도복으로 갈아입은 뒤 경기를 재개할 수 있고, 이와 같은 상황을 심판에게 알리는 것은 페널티로 간주되지 않습니다.

제15장 벨트 또는 수련 경력에 따른 분류

엘리트 월드 랭킹 대회는 오픈 랭크 형태로, 벨트나 수련 레벨에 상관없이 연령대로만 구분됩니다(자세한 내용은 앞쪽에 표로 정리된 '오픈 랭크에서의 금지/허용 기술'과 '벨트별 금지/허용 기술' 참조). 벨트 또는 레벨 구분을 채택하는 소규모 대회에서는 JJIF 규정을 따르고 앞쪽에 표로 정리된 '벨트별 금지/허용 기술'을 준수해야 합니다.

15.01 벨트에 따른 구분(도복 경기)

15.01.01 화이트 벨트, 초보자, U16 이하 부문에서는 스탠딩 포지션에서 시도하는 점프 클로즈가드와 플라잉 서브미션이 금지됩니다. 이러한 동작이 발생하면 심판은 경기를 중단하고, 해당 선수에게 페널티를 주고, 스탠딩으로 경기를 재개합니다.

15.01.02 U16 이하 부문과 화이트 벨트 부문에서는, 머리가 상대의 상체 전면을 벗어나 밖으로 빠지는 형태로 이루어지는 싱글렉 테이크다운은 금지됩니다. 이러한 동작이 발생하면 심판은 경기를 중단하고 스탠딩으로 경기를 재개합니다. 페널티는 없습니다. 심판이 개입하기 전 해당 테이크다운이 안전하게 이루어졌다면 이는 유효한 테이크다운으로 인정되며 경기는 속행됩니다.

15.01.03 유도 블랙벨트인 자, 레슬링 자유형 또는 그레코로만형 경기에 출전한 경험이 있는 자, 아마추어 또는 프로 종합격투기 경기에 출전한 경력이 있는 자는 화이트벨트 또는 초보자 부문 경기에 출전할 수 없습니다.

15.02 경험 레벨에 따른 구분(노기)

15.02.01 U18, U21, 어덜트, 마스터 부문: ▲노비스: 그래플링 경력 총 6개월 미만, ▲비기너: 그래플링 경력 총 6개월 이상 2년 미만 또는 주짓수 화이트 벨트, ▲인터미디엇: 그래플링 경력 총 2년 이상 5년 미만 또는 주짓수 블루/퍼플 벨트, ▲엑스퍼트: 그래플링 경력 총 5년 이상 또는 주짓수 브라운/블랙 벨트

15.02.02 U16 이하 부문: ▲노비스: 그래플링 경력 총 6개월 미만, ▲비기너: 그래플링 경력 총 6개월 이상 1년 미만, ▲인터미디엇: 그래플링 경력 총 1년 이상 2년 미만, ▲어드밴스드: 그래플링 경력 총 2년 이상 3년 미만, ▲엑스퍼트: 그래플링 경력 총 3년 이상

15.02.03 그래플링 총 경력에는 레슬링, 주짓수, 유도, 삼보 등의 경력이 포함됩니다.

15.03 세계선수권대회에서 우승한 선수는 레벨 또는 벨트 승급 요건을 갖춘 것으로 인정됩니다.

토너먼트-선수가 8명일 경우

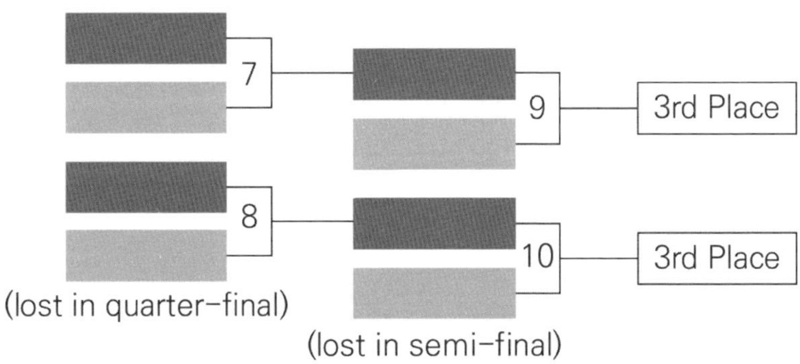

토너먼트-패자부활전

준결승전에서의 실격 및 부상 처리 규정

▲양 선수가 테크니컬 파울로 실격되는 경우 다른 쪽의 준결승 경기가 결승전이 됩니다. 실격된 두 선수는 패자부활전에 임할 수 없습니다. ▲양 선수가 디서플러너리 파울로 실격되는 경우 다른 쪽의 준결승 경기가 결승전이 됩니다. 패자부활전을 통해 3위는 1명만 선발됩니다. ▲준결승 진출자 4명이 모두 테크니컬 파울로 실격되는 경우 양쪽 준결승전을 다시 새로 진행합니다. ▲준결승 진출자 4명이 모두 디서플러너리 파울로 실격되는 경우 해당 선수들에게 준준결승전에서 패한 선수들로 준결승전이 새로 구성됩니다. 여기에서 패한 선수들과 앞서 실격된 선수들은 순위에 들지 못합니다. 3위는 패자부활전을 통해 선발됩니다. ▲한 선수는 테크니컬 파울로 실격되고 다른 선수는 디서플러너리 파울로 실격되는 경우 테크니컬 파울로 실격되는 선수는 패자부활전으로 이동되고, 다른 쪽의 준결승전은 결승전이 됩니다. ▲동점인 상태에서 양 선수가 부상으로 인해 경기를 지속할 수 없는 경우 다른 쪽의 준결승전이 결승전이 되고, 부상당한 두 선수는 패자부활전에 임할 수 없습니다.

결승전에서의 실격 및 부상 처리 규정

▲양 선수가 테크니컬 파울로 실격되는 경우 준결승전에서 패한 선수들로 결승전이 새로 구성되고, 여기에서 1위와 3위가 결정됩니다. 실격당한 선수들은 2위가 됩니다. 또 다른 3위는 패자부활전을 통해 결정됩니다. ▲한 선수가 디서플러너리 파울로 실격되는 경우 해당 선수에게 준결승전에서 패한 선수가 2위가 됩니다. 실격된 선수는 순위에 들지 못합니다. ▲한 선수가 테크니컬 파울로 실격되고 다른 선수는 디서플러너리 파울로 실격되는 경우 1위는 없으며, 테크니컬 파울로 실격된 선수는 2위가 됩니다. 준결승전에서 패한 선

수들이 1위와 3위를 두고 경쟁합니다. 또 다른 3위는 패자부활전으로 결정됩니다. ▲양 선수가 디서플러너리 파울로 실격되는 경우 해당 선수들에게 준결승전에서 패한 선수들로 결승전이 새로 구성됩니다. 실격된 선수는 순위에 들지 못합니다. 3위는 패자부활전으로 결정됩니다. ▲다른 쪽 대진의 선수들이 모두 실격되었거나 경기 없이 패배하여(노쇼 등) 결승전에 한 선수만 출전한 경우 해당 선수가 경기했던 준결승전이 결승전인 것으로 간주됩니다. ▲동점인 상태에서 양 선수가 부상으로 인해 경기를 지속할 수 없는 경우 경기 규정(스포팅 코드)의 동점자 처리 기준에 따라 승자는 이전 경기들의 결과를 토대로 결정됩니다.

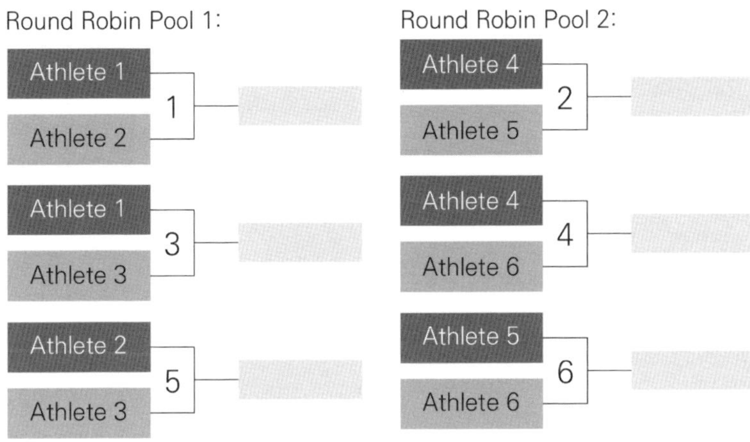

라운드로빈-6명의 선수가 3명씩 2개 조로 나뉘어 경기

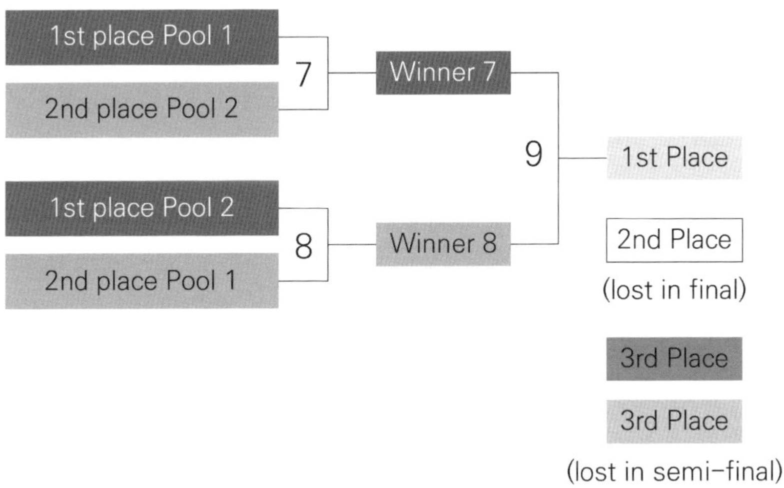

라운드로빈-메달 결정 방식

준결승전에서의 실격 및 부상 처리 규정

▲양 선수가 테크니컬 파울로 실격되는 경우 다른 쪽의 준결승 경기가 결승전이 됩니다. 실격된 두 선수는 3위가 됩니다. ▲양 선수가 디서플러너리 파울로 실격되는 경우 다른 쪽의 준결승 경기가 결승전이 됩니다. 3위는 없습니다. ▲준결승 진출자 4명이 모두 테크니컬 파울로 실격되는 경우 해당 선수들에게 패한 선수들로 준결승전이 새로 구성됩니다. 여기에서 패한 선수들은 순위에 들지 못하고, 실격 처리된 선수들은 모두 3위가 됩니다. ▲준결승 진출자 4명이 모두 디서플러너리 파울로 실격되는 경우 해당 선수들에게 패한 선수들로 준결승전이 새로 구성됩니다. 여기에서 패한 선수들은 3위가 되고, 실격 처리된 선수들은 순위에 들지 못합니다. ▲한 선수는 테크니컬 파울로 실격되고 다른 선수는 디서플러너리 파울로 실격되는 경우 테크니컬 파울로 실격된 선수는 3위가 되고, 다른 쪽의 준결승전은 결승전이 됩니다. ▲동점인 상태에서 양 선수가 부상으로 인해 경기를 지속할 수 없는 경우 다른 쪽의 준결승전이 결승전이 되고, 부상당한 두 선수는 3위가 됩니다.

결승전에서의 실격 및 부상 처리 규정

▲양 선수가 테크니컬 파울로 실격되는 경우 준결승전에서 패한 선수들로 결승전이 새로 구성되고, 여기서 1위와 3위가 결정됩니다. 실격당한 선수들은 2위가 됩니다. ▲한 선수가 디서플러너리 파울로 실격되는 경우 해당 선수에게 준결승전에서 패한 선수가 2위가 됩니다. 실격된 선수는 순위에 들지 못합니다. ▲한 선수가 테크니컬 파울로 실격되고 다른 선수는 디서플러너리 파울로 실격되는 경우 테크니컬 파울로 실격된 선수는 2위가 됩니다. 준결승전에서 패한 선수들이 1위와 3위를 두고 경쟁합니다. ▲양 선수가 디서플러너리

파울로 실격되는 경우 해당 선수들에게 준결승전에서 패한 선수들로 결승전이 새로 구성됩니다. 실격된 선수는 순위에 들지 못합니다. ▲다른 쪽 대진의 선수들이 모두 실격되었거나 경기 없이 패배하여(노쇼 등) 결승전에 한 선수만 출전한 경우 해당 선수가 경기했던 준결승전이 결승전인 것으로 간주됩니다. ▲동점인 상태에서 양 선수가 부상으로 인해 경기를 지속할 수 없는 경우 경기 규정(스포팅 코드)의 라운드로빈 동점자 처리 기준에 따라 승자는 이전 경기들의 결과를 토대로 결정됩니다.

부록(주요 용어 설명)

- 스탠드업 공방 또는 스탠딩 포지션은 선수들이 그라운드 동작에서의 연결성 없이 서서 경기를 하고 있는 상태를 의미합니다.
- 선수들이 재현해내기 어려운 자세로 세이프티 에어리어를 벗어날 경우 심판은 스탠딩 포지션으로 경기를 재개합니다.
- 테이크다운 동작은 스탠딩 포지션에서부터 연결되어야 점수로 인정됩니다.
- 상대와 닿아있는 상태에서 한 선수가 무릎 꿇는 자세로 내려가 한 쪽 이상의 무릎을 바닥에 붙이고 있는 경우, 계속 서 있는 선수에게 테이크다운 점수가 부여됩니다.
- 가드 포지션으로부터 스윕이 시도되어 양 선수가 스탠딩으로 전환되고, 한 선수는 한 발로, 다른 선수는 양발로 3초 이상 서 있는 경우 스탠딩 공방으로 간주됩니다.
- 상대의 신체 또는 도복을 잡지 않고 그라운드로 내려가는 경우 페널티가 부과됩니다.
- 시각 장애를 가진 선수의 경기에서는, 양 선수는 심판의 안내에 따라 동등하게 각각 깃과 소매를 잡거나(도복 경기) 헤드앤암 클린치(노기 경기) 세팅 후에 경기를 시작합니다.
- 탑 포지션은 다음과 같은 상황에서 한 선수가 다른 선수의 위쪽에 위치하며 상대를 마주 보는 자세를 의미합니다. ▲상대가 앉아 있거나, 등을 대고 눕거나, 한쪽 엉덩이가 바닥에 닿게 옆으로 누운 상황(예: 모든 형태의 가드 포지션, 그리고 풀마운트, 니온벨리, 노스사우스, 사이드컨트롤 등과 같이 아래에 깔린 자세). ▲상대가 배가 바닥에 닿도록 엎드리거나, 터틀 포지션이거나, 한쪽 또는 양쪽 무릎을 바닥에 댄

상황에서 상대의 어깨 라인 뒤쪽에서 힙을 컨트롤하는 상황(상대가 무릎을 꿇고 있는 동안 백컨트롤 포지션을 점유하는 것도 포함됨).

- 다음과 같은 경우는 탑 포지션으로 간주되지 않습니다. ▲상대의 엉덩이가 바닥에 닿아 있는 상태로 이루어지는 백컨트롤, ▲상대가 서 있는 상태에서 이루어지는 백컨트롤, ▲헤드투헤드 터틀 포지션 또는 스프롤 포지션, ▲한 선수는 서 있고 다른 선수는 무릎을 꿇고 있는 상태.
- 테이크다운과 스윕은 공격자가 심판의 3초 카운트가 시작되기 전 잠깐이라도 탑 포지션을 취해야 점수로 인정됩니다.
- 더블가드풀 상황에서는 (상대의 가드 안에 위치하든 밖에 위치하든 상관없이)먼저 탑 포지션을 점유한 선수에게 어드밴티지가 주어집니다.
- '레벨 체인지' 또는 '리버설'은 탑 포지션의 선수가 바텀으로, 바텀에 위치하던 선수가 탑 포지션으로 뒤바뀌는 상황을 의미합니다. 가드에서 시작되는 레벨 체인지는 스윕으로 인정됩니다.
- 가드란 상체를 제압하러 들어오는 탑 포지션의 선수를 한쪽 혹은 양쪽 다리를 사용해 컨트롤하거나 막는 동작을 의미합니다. 가드 포지션에서 득점을 위한 연결 동작 없이 무릎을 꿇거나 스탠딩 포지션을 취하면 더 이상 가드로 인정되지 않습니다. 스윕은 본인의 가드 포지션과 연결되어야 하고, 패스는 상대의 가드 포지션과 연결되어야 합니다.
- 탑 하프가드 컨트롤은 탑 플레이어가 상대의 하프가드에 한쪽 다리가 갇힌 채로 가드 플레이어의 등이 매트에 닿도록 누르며 취하는 체스트-투-체스트 포지션을 의미합니다.
- 패스를 시도하는 상대가 (오픈 또는 클로즈)가드를 완성할 경우 또는 상대가 바로 당겨서 하프가드 포지션을 취하는 경우, 탑 하프가드 컨트롤을 점유한 선수는 어드밴티지를 받을 수 있습니다.

- 스윕 후 바로 하프가드 자세를 취하거나 상대가 불리한 포지션에서 시작해 하프가드로 전환하기 위해 한쪽 다리를 가두는 경우에는 탑 하프가드 컨트롤로 인한 어드밴티지가 부여되지 않습니다.

참고문헌

국민체육진흥공단. (2025.11.10). 체육지도자 [웹사이트].
https://sqms.kspo.or.kr/main/main.kspo

국민체육진흥법. (2025).

국민체육진흥법 시행규칙. (2025).

국민체육진흥법 시행령. (2025).

대한주짓수회. (2020). *주짓수 사범 자격검증 관리운영 규정.*

대한주짓수회. (2020). *주짓수 심판 자격검증 관리운영 규정.*

대한주짓수회. (2022). *공인제도 운영 규정.*

대한주짓수회. (2022). *동호인대회 심판양성 지침.*

대한주짓수회. (2022). *체육인 인권보호 규정.*

대한주짓수회. (2023). *공인품단 심사 규정* (개정).

대한주짓수회. (2023). *심판위원회 규정* (개정).

대한주짓수회. (2023). *심판위원회 지침* (개정).

대한주짓수회. (2023). *정관* (개정).

대한주짓수회. (2024). *경기인 등록 규정* (개정).

대한체육회. (2021). *스포츠지도사 자격검정위원회 규정* (전부개정).

대한체육회. (2021). *회원종목단체 공인제도 운영 규정* (개정).

대한체육회. (2024). *회원종목단체 규정* (개정).

오준혁. (2021). *스포츠 거버넌스.* 박영사.

오준혁. (2025). *스포츠 인스티튜트.* 박영사.

체육시설의 설치 · 이용에 관한 법률. (2024).

체육시설의 설치 · 이용에 관한 법률 시행규칙. (2025).

체육시설의 설치 · 이용에 관한 법률 시행령. (2025).

스포츠 주짓수

초판발행 2026년 3월 10일

지은이 오준혁
펴낸이 안종만·안상준

편 집 소다인
기획/마케팅 김민규
표지디자인 BEN STORY
제 작 고철민·김원표

펴낸곳 (주) 박영사
서울특별시 금천구 가산디지털2로 53, 210호(가산동, 한라시그마밸리)
등록 1959. 3. 11. 제300-1959-1호(倫)
전 화 02)733-6771
f a x 02)736-4818
e-mail pys@pybook.co.kr
homepage www.pybook.co.kr
ISBN 979-11-303-9802-0 93690

정 가 17,000원